日本経済と公共部門のダイナミクス

データで読み解く現代社会

南波浩史
水ノ上智邦〈著〉
藤森　梓

晃洋書房

は じ め に

　日本経済の長期停滞はすでに30年にも及ぶ．バブル景気が崩壊した1990年代の日本では，「リストラ（再構築）」という名の下で多くの従業員が職を失い，多くの企業が倒産した．また，これまで護送船団方式と表現され，安定・堅実の象徴であった金融機関にも嵐が吹き荒れた．右肩上がりの経済成長を前提とした経済活動はその計画の変更を余儀なくされ，経営が急速に悪化した金融機関の中には統廃合するものも現れた．1990年代の長期低迷は「失われた10年」とも呼ばれたが，それも1980年代の狂乱の好景気の反動であり，景気変動におけるやや長期の不況に過ぎないという向きも少なくなかったであろう．なんといっても当時の日本は，世界でも類を見ない急激な高度経済成長を遂げ，アジアで唯一，先進国の仲間入りを果たした国であり，経済発展のお手本ともいえる国であった．かつては，日本・日本人が持つ特性が高度経済成長の基盤であるとした『ジャパン・アズ・ナンバーワン』という図書が出版されたこともあった．

　しかし，一時的な景気回復こそあったものの，「失われた10年」はいつしか「失われた20年」となり，いまや「失われた30年」の到来を否定できないのではないか．景気停滞が30年にも及ぶとなっては，景気循環の一局面というよりは，経済構造の変化による本質的な地盤沈下と捉える方が正確だろう．30年という長い期間には，日本経済を取り囲む環境にも大きな変化が生まれた．特筆すべきはインターネットの普及とグローバル化の進展であろう．インターネットの普及は，産業や働き方の変化といった経済への影響のみならず，社会のあり方や人々のコミュニケーションの方法にも大きな影響を与えた．またインターネットの発展に伴うスマートフォンの普及は我々の生活自体を大きく変えた．一方，グローバル化の進展はこの30年に始まったことではないが，イン

ターネットの普及により大きく加速することになった．グローバル化とは，ヒト，モノ，カネ（貨幣）に加えて情報が国境を越えて自由に移動することと定義すると，インターネットはそのうち特に貨幣と情報の移動を劇的に変化させることとなった．

また，政府における経済活動である財政に目を向ければ，人口の少子化・高齢化が急激に進展し，社会保障に係る財政支出の増加のみならず，度重なる景気対策の実施に伴い国債が大量に発行された結果財政赤字が拡大し，その負担に関する議論や政府による経済政策の有効性に関する議論も活発に行われている．

こうした中，近年の日本では金融ビッグバン，公企業の民営化，派遣労働者の業種拡大，医療制度改革，国から地方への税源移譲など，主として市場の機能を重視して民間企業の競争を促進する新自由主義の考え方に基づくさまざまな規制緩和・改革が行われた．国の財政においては，歳入面をみると1989年に3％で導入された消費税は，その後，5％，8％を経て2019年には原則10％へと税率を高めている一方，企業の利益に対する課税である法人税の税率は低下の一途にある．歳出面では，人口の高齢化に伴う社会保障費の拡大と国の借金の返済にあたる国債費の増加が特に目を引く．これらの政策群は日本の経済を，そして我々の生活をどのように変えたのだろうか．本書は経済の基礎的な仕組みを概観し，データに基づいて近現代の日本経済に何が起きたのかを解説する．また，「失われた30年」という罠から抜け出すための処方箋を考える上での土台となる知識を提供することを目的としている．

本書は8章から構成されており，それぞれの内容は次の通りである．第1章では，日本経済や公共部門の問題を考える上での基礎となる経済学の基本的な考え方を述べたうえで，ミクロ経済学やマクロ経済学といった経済理論の基礎的な考え方のみならず，ゲーム理論や行動経済学といった新しい経済学分野についても解説を行っている．

第2章から第5章は日本経済，なかでも公共部門に焦点をあてた構成になっ

ている．第2章では経済学において公共部門の活動を表す財政に関して，その仕組みや歳入・歳出構造，および国債発行の状況やその累積残高の問題点についての言及がなされ，第3章では経済政策における公共部門の役割について，その目標や主要な経済指標のみならず，給付と負担の関係を通じた政府の経済政策のあり方について論じ，第4章では日本の高齢化の進展状況や人口構成の変化，公的年金の役割やその仕組みに加え，その持続可能性についての考察を行い，第5章では日本の人口動態の変化が日本経済に与える影響について，少子高齢化の要因のみならず，人口移動に伴う地域経済への効果に関しても論及している．

　第6章では金融の役割や制度に加え，物価変動や金融政策についても論じ，第7章では日本の企業行動や市場競争，さらに産業構造の変化が日本経済に及ぼす影響について考察され，第8章では海外部門との貿易取引や為替レートを通じたグローバル経済下での日本経済についての言及がなされている．

　本書は上記の通り，経済を眺める上で必要な基礎的な知識を，実際のデータに基づいて説明する入門的な解説書である．そのため，記述にあたっては数式を利用した理論・実証における複雑な記述は最低限に留め，なるべく平易な文章を心がけている．本書により経済学の基礎的な知識を身に着け，読者による経済学の更なる探求の足がかりとなれば望外の喜びである．

　2022年3月

　　　　　　　　　　　　　　　　筆者を代表して　南波浩史

目　　次

第 1 章

経済学を知る

第1節　経済学とは何か

　経済学とは何か．その問いに対する答えは，「学問としての経済学を学んだことがあるかどうか」，だけでなく，「いつ経済学を学んだか」によって大きく異なるだろう．学問としての経済学を学んだことがない人にとって，経済学のイメージは，「お金についての学問」であり，景気や物価について学ぶ，堅苦しく冷たいものであるかもしれない．また，ずいぶん前に大学で経済学を学んだという人は，経済学とは，数式で表現された理論について学ぶ高尚であり冷たい一面を持ちながらも，人々の幸せの実現を目指す温かな心があることはご存じだろう．ただし，理論は美しいものの，現実離れしていると感じているかもしれない．しかし，経済学は，近年，その分析対象だけでなく，その分析手法も大きく変化している．本章では，経済学とはどのような学問なのか，何を対象として，どのように分析するのかについての概要を説明する．また，本書を読み解くために必要な基礎知識や経済の全体像について説明をするとともに，経済全体を理解する上での各章の位置付けについても紹介する．

　経済学では，自らの目的の実現のため意思決定を行う存在を経済主体（プレイヤー）と呼ぶ．現実の経済にはさまざまな経済主体が存在するが，そのうち，主要なものとして，家計（個人），企業と政府の3つがある．ここでは，経済の仕組みを理解するため，まずはこの3つの経済主体の関係について確認しよう．図1-1は，経済全体における各経済主体の立場を示したものである．図の左側の範囲は民間であり，右側は行政機関である[1]．多くの国において，経済を動かす原動力は，家計と企業の経済活動である．両者は，それぞれが目的の実現のために互いに取引を行っており，その取引の場のことを市場と呼ぶ．市場では実にさまざまなものが売買されている．例えば，いまあなたが読んでいるこの書籍もその1つである．書籍のように形があるモノだけでなく，形がないものも取引されている．例として，大学における授業，アプリ，ネットを介し

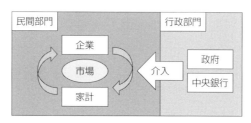

図 1-1　経済全体と各経済主体の立場

（出所）筆者作成.

て配信される音楽や動画などがある．狭義には，形があるモノを財，形を持たないものをサービスと呼ぶが，ここではそれらをまとめて広義の財と呼ぶことにする．財が売買される場所を財市場と呼ぶ．財市場において，企業は生産者として財を生産し，販売する．家計は消費者として財を購入・消費し，その対価を支払う．つまり財市場において，企業は売り手であり家計は買い手である．

　では家計はどうやって対価であるお金を手に入れるのか．それも主に市場での取引の結果である．売り手が企業，買い手が家計という両者の関係は労働市場において逆転する．大学生がコンビニでアルバイトをすることを考えてみよう．この状況では，学生は企業に自らの貴重な時間を売り，その対価として時給（賃金）を得る．企業は学生から労働時間を購入することになる．つまり，労働市場においては，家計である学生が売り手となり，企業が買い手となって労働時間が売買される．ここでは民間部門を家計と企業に大別したが，言うまでもなく，我々一人ひとりは多様であり単身世帯から大家族までを一括りにすることが難しいのと同様に，企業の在り方もさまざまである．個人企業もあれば世界中にネットワークを持つグローバル企業もあり，また産業が違えばその行動も様変わりする．企業や産業の活動およびその分類は第7章に詳しい．

　家計と企業との関係に続いて，政府について考えよう．政府はどのような役割を果たし，家計や企業とどのように関わっているのだろうか．経済学における政府の役割は次の3点である．

　1つ目は「資源配分の調整」である．経済の中心は市場における企業と家計

による経済活動であるが，市場は万能ではない．市場が機能せず，必要な財が生産されない，あるいは十分ではない場合に，補完的に政府が供給することがある．その一例として，警察や消防の機能が挙げられる．どちらも我々の生活に不可欠な存在であるが，民間企業が同様のサービスを行うことは難しい．あるいは初等教育を考えてみよう．子どもが基礎的な教育を受ける権利は「児童の権利に関する条約」の批准により多くの国が認めている．しかしながら，市場のみに任せてはすべての子どもが教育を受けることはできない．多くの企業は営利企業であり，対価としての学費を支払うことができない子どもに教育を与えることは難しい．そのため，市場に代わって政府が初等教育を中心的に担っている．ただし，政府が公的な教育を実施するにあたっては当然ながら財源が必要になる．政府の一会計年度内の支出を歳出と呼ぶが，政府が歳出として教育費を計上するには裏付けとなる収入が必要になる．政府の一会計年度内の収入は歳入と呼ばれる．この歳入であるが，その財源は主として租税収入である．つまり，家計や企業の経済活動に課税し，そこから得られた税収が政府の財源の基礎となる．このように政府は家計や企業に幅広く税を課し，そこから得られた財源を基に，経済のみに限らず社会全体で発生した諸問題の解決のために歳出を行う．このような政府の経済活動は第 2 章において詳述する．

　2 点目は「所得の再分配」である．市場においては競争が行われる．企業は利益の追求を目指して，他社よりも品質の高い製品を開発したり，コストを削減して他社よりも安い価格をつけたりすることで，競争に勝ち抜こうとする．しかし，競争は勝者だけでなく敗者も生む．市場における競争により，ますます富む者もいれば，貧困にあえぐ者もいる．資本主義経済に生きる以上，優勝劣敗は避けられないが，あまりに大きすぎる格差や，格差の固定化は経済全体にとって望ましいものではない．そのため課税や社会保障などを通じて，その格差を縮小させることも政府の役割である．詳しくは第 4 章および第 5 章が参考になる．

　3 点目は「景気の安定化」である．景気が悪いことが望ましくないのは当然

であるが，加熱し過ぎた異常ともいえる好景気も望ましいものではない．日本
においては1980年代後半から1990年代初頭にかけてバブル景気を経験した．当
時の日本では，実体経済の成長とは大きくかけ離れて土地や株式などの資産価
格が異常に高騰した．バブル景気は過剰な投資を生み，バブルの崩壊後の日本
は不良債権の拡大により大手金融機関が破綻するなど，長期にわたって経済的
に低迷することになった．景気と政府の役割については第3章において詳述す
る．

　上記で政府の役割を確認した．その過程で，政府と家計や企業と関わりもあ
る程度解説したが，ここでまとめてみよう．経済における政府の役割は総じて，
市場が正常に機能しない場合のサポートと考えてよいだろう．市場で発生する
諸問題に対応するため，政府は市場に介入を行う．具体例として感染症につい
て考えてみよう．感染症の蔓延は社会全体に悪影響があり，その対策としてワ
クチンによる予防接種があるとする．ワクチンの接種が広がれば本人の感染確
率が下がることに加え，感染しないことで周囲への新たな感染を防ぐこともで
きるなど，社会全体に良い影響をもたらす．しかし，ワクチンの価格が高価で
あれば接種したくてもできない人もいるだろう．そのため，政府が個人に代
わってワクチンを購入し，人々に無料でワクチンを提供することが望ましいの
かもしれない．この場合，ワクチンの製造を行う製薬会社，それを求める家計
との間の自由な取引であるワクチン市場に政府が介入することになる．

　ここまで図1-1を基に，経済における主要な3つのプレイヤーとその関係
について紹介したが，まだ説明していない新たな2つのプレイヤーを簡潔に紹
介する．そのうち1つは，図内にある中央銀行であり，日本においては日本銀
行がこれにあたる．日本銀行は日本の金融システムの中核であり，貨幣の発行
を担っている．その最大の目的は物価の安定であり，その実現のためにさまざ
まな金融政策を通じて，金融市場に介入している．第6章では，中央銀行を中
心とした金融およびそのシステムについて解説する．最後のプレイヤーは図1
-1の外に存在する外国である．図は一国の経済全体を示した概略図であるが，

現代の国家は他国から完全に独立した存在ではあり得ない．グローバル化した現代においては，ヒト・モノ・カネに加えて情報が日々国境を越えて移動している．日本は他国と地続きで面していないこともあり国際的にみると貿易依存度が比較的低い国であるが，それでも輸出が GDP の 2 割弱を占めており，我々は，衣服，電子機器，ウェブ上のサービスなどさまざまな外国産の財に囲まれて生活をしている．日本と海外との取引については第 8 章で解説する．

　さて，本節の問い，「経済学とは何か」に戻ろう．上述のように，経済学自体が時代とともに大きく変遷しているため，その定義も時代によって変わってきた．一貫した定義はないものの伝統的には，「有限である資源についての経済活動（生産や消費など）について分析する学問」であるとすることが多いようだ．つまり，同語反復にはなるが，経済を分析対象とするものが経済学であった．この「経済」を理解する基盤となるのは，2 節と 3 節で概説するマクロ経済学とミクロ経済学である．これらは経済学を支える大きな柱と言える．しかし現代の経済学は，この 2 つの柱を基に，さまざまな派生的な学問分野を開拓してきた．それに伴って経済学が捉える射程も広がり，分析対象もいわゆる経済活動だけには留まらない．そのため先に挙げた定義で現代の経済学を説明することは難しくなる．よって，近年では経済学は「人々や組織（企業など）が行う選択についての学問」と定義されることが増えてきた．この定義に従えば，心理学，社会学，経営学との違いが曖昧になるかもしれないが，まさに現代の経済学はそれらの学問と隣接しており，学際的な研究も増加してきた．そのなかで経済学を経済学たらしめる特徴は，分析対象ではなく分析手法にあるといえるだろう．では経済学的な分析手法とは何か．それについては本書を通じて説明する．次節以降では，上述のマクロ経済学とミクロ経済学について，またその 2 つを基礎として誕生したさまざまな経済学の分野についても紹介するとともに，現代の経済学の特徴についても説明する．

第（2）節　マクロの視点と国民総生産

（1）マクロ経済学

経済学はその名のとおり経済を探求する学問であるが，そこには2つの視点がある．それがマクロ経済学とミクロ経済学である．マクロ経済学は，経済を巨視的（macroscopic）に捉える．経済を人々や企業のさまざまな営みの集合体として理解する．つまり，経済を国や地域といった大きな単位で捉え，分析するのがマクロ経済学である．望遠鏡を用いて巨大なものの全体像を捉えると言えばわかりやすいだろうか．以下ではその対象として，日本を想定して具体的な数値とともに説明を行うことにする．

まずはマクロ経済学的視点からみた，日本経済の経済主体から紹介する．前節で確認したとおり，経済における主要な経済主体は，民間部門の家計と企業，そして政府である．前者の民間部門であるが，現実の日本経済には，1億2000万人を超える個人と約386万社もの企業が存在する[2]．それらを個別にみても複雑すぎて全体像を掴むことは困難である．まずは各経済主体を集計し，ある程度単純化した上で，家計全体や企業全体としての経済活動を分析する方が有効だろう．政府は家計や企業への課税や国債発行による財源（歳入）を得て，それをさまざまな形で支出（歳出）する．この歳入と歳出を通じた経済活動により政府がその役割を果たすことを財政と呼ぶ．また，政府が財政により経済に影響を及ぼす政策のことを財政政策と呼ぶ．また図1-1の右側（行政機関側）には政府以外の経済主体として中央銀行が存在する．中央銀行については第6章で詳述するが，簡潔にいえば，金融政策を司る政府から独立した機関であり，金融における重要な経済主体である．中央銀行は，市場で流通する貨幣の量を調整することにより，物価や景気の安定などを目的としている．この手法は金融政策と呼ばれ，政府が行う財政政策と並んで，マクロ経済政策の柱である．なお，図1-1では省略しているが，金融においては民間側の経済主体として，

市中銀行が存在している[3]．市中銀行は民間において，お金の貸し手と借り手を繋ぐ仲介役である．中央銀行は市中銀行に強い影響力を有しており，市中銀行は中央銀行が決定した金融政策の市場での実行役でもある．さて，これでマクロ経済学における主要な経済主体を確認した．次にマクロ経済学的な視点から，日本経済を眺めてみる．

　日本経済の全体像を捉えるためには，どんな指標を見るべきであろうか．その代表的な指標として GDP（国内総生産）や国民所得がよく用いられる．ただし，GDP や国民所得を増やすことが経済学の目的そのものであるというわけではない．意外かもしれないが，多くの経済学者にとって，経済学の目的は人々の幸せを実現することである．しかし，ニュースなどでは，GDP の成長率が取り上げられ経済学者やエコノミストが解説している場面はよく見られるが，幸福度について語られるのは稀である[4]．なぜ経済学者は幸福ではなく，GDP や国民所得について語るのか．その理由は，幸福そのものは主観的なものであり，読者の幸福を数値化し，他者と比較することは困難である．そのため，次善の策として，客観的で数値化できる GDP や国民所得が用いられる．これにより，前年との比較などの時系列的な変化を捉えることが可能になる．

（2）国民経済計算

　経済を GDP や国民所得といったマクロの視点から眺めるため，まずは国民経済計算について解説する．国民経済計算（SNA: System of National Accounts）は，国連の定めた基準に従って，その国の経済の全体像を記録したものである．その基準に従うことで，国際的な比較も可能になる．具体的には，一国の経済活動を生産，分配，支出，資産や負債と，さまざまな点から記録したものであり，GDP 統計とも呼ばれる．

　GDP はその名前（国内総生産）から，生産した商品やサービスの総額であるかのように勘違いされやすい．しかし，正しくは，一定期間内（1 年間や四半期）にその国の中で発生した付加価値の総計である．GDP は，その国の経済

力を測るモノサシとして利用され，付加価値をより多く生み出せる国は大きな経済力を持つ，ということになる．では付加価値とは何か．これは経済活動によって新たに生み出された価値である．具体的には，ある企業が100億円の原材料を購入し，最終的に作り出した商品を300億円で販売したとする．これにより企業は生産を通じて200億円分の新たな価値を創出したことになる．国の経済力を測るために，なぜ最終的に生み出した商品やサービス（最終生産物）の価値の総額ではなく，付加価値の総額を利用するのか理解できただろうか．もし前者を利用するのであれば，上記の数値例の場合，重要なのは最終生産物の価値である300億円のみであり，どれだけ価値を生み出したかは考慮されない．そのため，原材料が299億円で，わずかに1億円の付加価値を生み出した場合と同じ経済力という評価になってしまう．

　ここで改めて付加価値を確認すると，付加価値とは，最終生産物の価値から中間投入物（原材料など）の価値を差し引いたものである．身近な言葉に置き換えれば，売り上げから原材料費などを引いたものであり，企業の「もうけ」と考えて良いだろう[5]．さて，この「もうけ」は最終的に誰が受け取るのだろう．企業が受け取る（企業所得）のはもちろんだが，そこで働く従業員も給与（雇用者所得）としてその一部を得るだろう．また，その企業に投資をした株主は企業の所有者であるため，配当という形で「もうけ」の一部を受け取ることができる．さらに納税という形で政府も一部を受け取る．このように付加価値は，最終的には生産に関わるさまざまな関係者に分配される．つまり生産活動により生み出されたGDPであるが，別の側面からみると，同じ額の所得が生み出されていると捉えることができる．さらに，この所得は誰かが受け取ったのち，最終的にはそのすべてが消費などのために使われることになる．お金を支出するのは家計や企業のみではなく政府も同様である．また，使い方も消費だけでなく，将来の生産のための投資もある．具体的には，民間消費，民間投資，政府支出，公的投資に分類できる．

　以上をまとめると，一国のGDPは，生産，分配（所得），支出のいずれの面

図1-2　三側面からみた日本の GDP の内訳（2019年，単位：兆円）
（出所）内閣府「2019年度国民経済計算」より筆者作成.

からみても同じ大きさであることがわかる. これは「三面等価の原則」と呼ばれ, マクロ経済学を理解する上での基礎となる. これを具体的な数値で確認しよう. 図1-2は, 三側面からみた日本の GDP の内訳を示したものである. 2019年の日本の GDP は561兆円であった[6]. 次にこれを所得面から確認しよう. 実は企業の「もうけ」ともいえる付加価値は, そのまま我々の手元に入るわけではなく, 資本の劣化や課税額などを差し引いたものを我々は所得として利用できる. そのため, 561兆円の GDP がそのまま所得になるのではなく, 実際には雇用者所得の287兆円と企業所得の93兆円を合わせた380兆円程度が所得となる. 最後に支出であるが, 最も大きいものは306兆円の民間消費であり, 全体の約54％を占めている. また, 民間投資も含めれば約75％にも及んでおり, 民間の経済活動が日本の経済を支えていることがわかる. なお, 純輸出が GDP に占める割合は, ほぼ0％であるが, これは輸出額から輸入額を引いたものという純輸出の定義によるものである. 輸出が95.5兆円, 輸入が96.0兆円とどちらも規模としては大きいのだが, ほぼ同じ水準であるため, 結果として純輸出が GDP に占める割合は極めて小さくなっている. ただし, 輸出額だけをみれば支出の2割近くを占めており, 海外との貿易が日本経済に与える影響

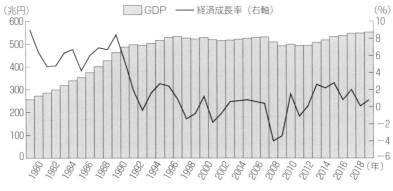

図1-3　日本の GDP および GDP 成長率の推移

（注）GDP の単位は兆円．名目値．暦年．
（出所）内閣府「国民経済計算」．

は決して軽視できるものではない．

　GDP がその国の経済力を測る目安として用いられることはすでに述べたが，その変化率である経済成長率は，景気判断の目安として用いられることが多い．図1-3は，日本の GDP およびその成長率の推移を示したものである．高度経済成長期を過ぎた1980年代においても，日本の GDP は平均して年率6％の経済成長を遂げていた．しかし，1991年のバブル崩壊以降は，成長率も伸び悩み，マイナス成長を記録する年もあるなど，約30年にも渡る長期の停滞状態にある．なぜ日本の経済成長率は，以前のような高い水準に戻らないのであろうか．

　さて，ここまで景気という言葉を何度となく使ってきた．日常生活でもしばしば用いられる景気とは何だろうか．景気は，「経済活動の水準・状況」と定義されるが，やや抽象的と感じるだろう．定義が抽象的であるために，人によって景気に対するイメージが一致しないこともありうる．そのため，景気を計測する具体的な指標も1つに定めることは難しい．国内総生産である GDP もその1つではあるが，「経済活動の水準・状況」は，生産活動のみならず，雇用，消費，投資などの側面からも計測可能であろう．結果，内閣府が景気の

把握および予測のために作成する景気動向指数の作成においては，幅広いさまざまな指標が用いられている[7]．景気の動きに先んじて動く先行指数としては，新規求人数，新設住宅着工床面積，東証株価指数など11指標が，景気と並んで動く一致指数としては，有効求人倍率，耐久消費財出荷指数，営業利益など10指標が，そして景気を後追いする遅行指数としては，完全失業率，家計消費支出，法人税収入など9指標が，それぞれ用いられている．景気には，拡張と交代を繰り返すという循環的な変動があるとされ，その端緒としてはフランスの経済学者であるジュグラーが，10年程度を1周期とする循環（ジュグラー波）の存在を主張した．その後，より短期のキチン波（3〜4年）や長期のクズネッツ波（20年），超長期のコンドラチェフ波（50年）が存在するとされる．

（3）マクロ経済をみる眼

　この節では，マクロ経済学という経済学を支える大きな柱について説明し，さらにマクロ経済学の視点から経済を眺める上で最も重要な指標であるGDPについて学んだ．この項ではそれらを補完し，また今後，経済学を学ぶ上で必須となる「変化」を見るための2つの概念を説明する．

　1つ目は，フローとストックである．フロー（flow）とは，流れることを意味しており，経済学では，一定期間内に流れ込む，あるいは流れ出る量のことを指す．対するストック（stock）には株式などの意味もあるが，ここでは貯蔵を意味しており，ある時点における存在量のことを指す．浴槽に置き換えると，水道の蛇口から流れ出たり，排水溝に吸い込まれたりする水がフローであり，ある時点で浴槽内にたまっている水がストックである．企業の活動を例にとると，この企業が商品を生産・販売することで得た収入や，生産により発生した費用，あるいは収入から費用を引いた利潤は，いずれもフローであり，企業が所有する資産（現金，預金，土地，証券など）はストックである．フローとストックは無関係ではなく，フローである利潤の発生は，ストックであるその企業の資産を増加させることになる．

　ここで前項を振り返ると，GDP は一定期間内に生み出される付加価値であるため，フローであることがわかる．GDP は毎年新たに発生するため，GDPの大きさ（あるいはその変化）をみることで，ある国のその時点での経済力（や景気）を測ることができると言えるだろう．では，一国の経済におけるストックとしては何が当てはまるだろうか．資本（生産に用いられる工場や機械など），土地や労働力といった生産要素の量はストックとして表現可能である．このうち，日本経済においてはストックである労働力人口は減少に転じており，日本の経済成長を妨げる要因になっている．少子高齢化を含む人口の減少が経済に与える影響については第5章で解説する．

　変化についてのもう1つの概念は「名目と実質」である．図1-3では日本のGDP の推移を確認したが，そこで示されているのは厳密には名目GDP である．これは各年の時点での物価で計測した GDP であり，物価変動の影響を排除した実質GDP と区別される．経済学では GDP 以外の指標においても名目値と実質値を使い分けることがある．なぜ名目値と実質値があるのか．所得を例に説明する．表1-1は，名目所得と実質所得の関係を示した数値例である．表内の「支出金額」は，その年に，平均的な家庭が食品や衣服などさまざまな財を購入した時にかかる金額であるとする．2020年は平均的な生活をするためには月に10万円が必要であるとする．さまざまな財を，以降もまったく同じ量だけ購入すると，2021年も10万円支出することになるが，2022年は12万円も必要になった．同じ財を同じ量だけ購入しているのに支出金額が上がったということは，財の価格が上昇したと考えられる．逆に2023年は前年に比べ支出が減っているので物価が下がったことを示している．次の行の「物価指数」は，2020年を基準（=1）とした物価の変動を示すものである．具体的にはその年の支出金額を，基準となる2020年の支出金額である10万円で割ったものである．次行の「名目所得」は，通常使用される意味の所得である．対して「実質所得」は物価の変動を考慮し，所得が持つ購買力を異時点間で比較できるようにしたものである．具体的には名目所得を物価指数で除したものである．例えば，

表1‐1　名目所得と実質所得の関係

	2020年 (基準年)	2021年	2022年	2023年
支出金額	10万円	10万円	12万円	11万円
物価指数	1	1.0	1.2	1.1
名目所得	20万円	24万円	24万円	22万円
実質所得	20万円	24万円	20万円	20万円
実質所得増加率	—	+20.0%	−16.7%	±0.0%

(出所) 筆者作成.

2021年の所得（名目所得）は24万円であり，前年に比べ20％も増加した．一方，同年の支出金額は10万円のままであり変動はない．そのため，生活に必要な金額に変化がないまま名目所得が増加したため，実質的に豊かになっている．次に2022年をみてみよう．同年の名目所得は24万円と，前年から変化していない．ただし，物価指数が1.2へと増加している．物価が20％も増加したにもかかわらず，名目所得は変化していないため，名目所得が持つ購買力は目減りすることになる．この影響を示すのは実質所得であり，前年の24万円から20万円へと16.7％も減少している．2023年は名目所得が減少しているが，同じ割合で物価も下落しているために実質所得は変化していない．

　このように「名目値と実質値」という概念を理解することで，見た目（名目値）と本質（実質値）を区別して認識できる．図1‐3は，名目GDPの推移を示している．名目GDPは生産量（本質）に変化がなくても，物価が上昇すれば増加するため，その国の生産能力を理解するためには実質GDPの方が望ましい．ただし，バブル崩壊後の日本は物価に大きな変動がないため，両者はかなり連動した動きを見せている．

　マクロ経済学は，一国全体を俯瞰する視点から，その経済の在り方や家計，企業，政府などの経済主体の動きを捉え，人々がより豊かな生活を送るための方策を提示する．そのため，本節で説明したGDP，景気や所得以外にも，失業，物価なども分析の対象としている．マクロ経済学の視点を手に入れること

で，一国全体の成り立ちや動きについて知ることができるが，現実の経済は数多くの家計や企業から成り立っており，各家計や企業が何を目的とし，どんな制約下で行動を決定しているか，また家計と企業の経済活動の場である市場にはどんな機能があり，どんな問題点があるのかについては次節で紹介するミクロ経済学が明らかにしてくれるだろう．

第 3 節　ミクロの視点と家計

（1）ミクロ経済学

　前節のマクロ経済学は，国や地域という大きな単位でまとめられた経済活動を分析対象としていた．対するミクロ経済学はミクロ（微小）な経済活動を分析対象としている．マクロ経済学が望遠鏡を用いて全体像を把握する巨視的な視点であるのに対して，ミクロ経済学は，顕微鏡を用いてその構成要素を観察する微視的（microscopic）な視点である．具体的には，私たち個人（家計）や個々の企業といった，経済における最も小さな経済主体がその対象となる．ミクロ経済学ではそのような経済主体がどのように行動するのかを分析する．財の取引においては，家計は消費者，企業は生産者として行動する．消費者と生産者の行動により，財がどのように生産され分配されるのか，また財が取引される市場では価格がどのように介在するのか，あるいは市場そのものなどについても分析を行う．

　以上の説明はやや抽象的であり，イメージしづらいかもしれない．ただし，ミクロ経済学においては，我々の行動も分析対象であり，「自分だったらどのように行動するか」と身近な出来事を想定して考えることができる．

　本節では，市場において家計や企業がどのような役割を果たすのか，また経済学における理想的な市場といえる完全競争市場や，市場が上手く機能しないケースなどについて説明する．

（2）家計と企業の役割

　ミクロ経済学において最も重要な経済主体は家計と企業であり，まずは，両者が市場においてどのように行動するのかを確認していこう．各経済主体は自らの目的の実現のために意思決定を行うと1節で述べた．では家計と企業はどのような目的を持つのだろうか．家計は市場において，消費者と労働者という2つの役割を持つ．労働者として企業に労働力を提供し，その見返りに賃金を得る．また，消費者としては所得をもとに財を購入・消費する．その際，通常の経済学では，家計の目的を効用の最大化であると仮定している．効用とは財の消費から得られる主観的な満足度のことである．家計は，予算内で自身の効用を最大化すべくさまざまな財を消費している．

　一方の企業は，市場において財の生産を行っている．労働者を雇い，原材料や資本などを投入して財を生産し，それを販売することで収入を得る．お金の流れに着目すると，財を販売して収入を得るが，生産過程ではさまざまな費用が発生している．労働者を雇用するために支払う賃金もその1つである．この収入から費用を差し引いたものが企業の利潤となる．企業の目的はこの利潤の最大化であると仮定されることが多い．

　家計と企業はそれぞれの目的である効用と利潤を最大化すべく，市場においてさまざまな経済活動を行うことになるが，両者を結びつけるものがある．それが価格である．企業が利潤を増やすためには，収入を増やすか，費用を減らすしかない．収入とは財の価格と生産量（販売量）を掛け合わせたものであるため，販売量をそのままに価格を上げることができれば収入は増加し，結果として利潤を増加させることができる．しかし，家計の観点からは価格が上がることは好ましくない．当然ながら，財の価格が安ければ，より多くの量を購入でき，効用を増やすことができるからだ．このように価格の変動はトレードオフ，つまり一方の利益と他方の不利益を同時に引き起こしてしまう．では，経済全体にとって望ましい価格，理想的な状態とはどのようなものだろうか．

（3）完全競争市場と市場の失敗

　家計と企業はそれぞれ異なる目的を持ち，自身の目的追求のための利己的に行動している．しかしながら，両者が利己的に行動することにより市場で決まった価格や生産量において，経済全体にとって効率の良い資源配分が実現されること（「厚生経済学の基本定理」）が明らかになっており，政府による市場への介入は，この理想的な状況を乱すことになりかねない．ただし，「厚生経済学の基本定理」が成立するためには，市場が正常に機能している場合，という条件が前提となる．ここでの正常に機能する市場とは「完全競争市場」と呼ばれる状態を想定している．完全競争市場にはいくつかの条件があるが，その中でも特に重要なのは，多くの経済主体が存在しており，各経済主体が価格をコントロールできない点である．これを理解するために，真逆のケースである独占市場を考えてみよう．ある財を生産する企業がわずかしか存在しない状況を独占と呼ぶ．極端なケースとして売り手が1社のみである完全独占状態では，独占企業は他企業の動向を気にする必要がないため自由に価格を設定できる．企業は利潤の最大化を実現すべく生産量を制限し，価格を吊り上げることが可能になる．独占企業にとっては望ましい状況ではあるが，生産量も少なく，価格も高いため，消費者にとっては望ましい状況ではない．しかし，多数の企業がいると状況は一変する．周りより高い価格では消費者を引きつけることはできず，どの企業も周りをみて価格を設定せざるを得ない．結果として，どの個別企業も単独では価格を決定できず，市場で価格が決まることになる．

　しかし市場は正常に機能しないことがあり，「市場の失敗」と呼ばれる．上述の完全独占も市場の失敗の一例である．そのほかの例としては環境問題がある．製造過程で大気汚染を引き起こす財であっても，利潤最大化のみを目的とする企業はイメージ悪化などの恐れがなければ費用をかけてまで大気汚染への対策をしないだろうし，自身に直接悪影響がないのであれば消費者も気にせず購入するかもしれない．結果として，社会全体としては望ましくない環境破壊が発生することになる．また，誰もが無料で利用できる道路は，我々の生活に

不可欠なものであるが，収入を得られないために営利目的の企業には生産できない．このように，市場に任せておくと過剰・過少に生産される，あるいは生産されない財の種類は少なくない．このような「市場の失敗」を是正するためには，政府が市場に介入することが正当化される．国道や県道など，行政が道路という財を供給するのはその一例であり，教育が市場だけに任されることなく，公立の小学校や中学校において無償で教育が供給されるのも経済学の視点から正当化される．ミクロ経済学では，このように環境や教育など，経済学とは無関係にみえる問題についても，独自の手法を用いて理解し，解決策を提示できることがある．

第 4 節　現代の経済学

さて，ここまでマクロ経済学とミクロ経済学という，経済学を支える伝統的な2つの柱を説明してきた．それらに加えて現代の経済学には，計量経済学という3本目の柱が存在する．計量経済学は，統計学とデータを用いて経済理論の妥当性を検証する実証的学問である．経済学という現実の経済事象を分析する学問においては，現実を抽象化した理論モデルは，あまりに複雑な現実を理解する手助けとなる．ただし，数式で表現された理論モデルがいかに精巧で美しくとも，現実に相反するものであれば価値は損なわれる．逆に，シンプルであっても現実を上手く説明し，示唆を与えてくれる理論モデルは貴重であり有益である．つまり理論モデルの価値を評価する手がかりとなるのは現実のデータであり，それを活かす統計学である．

この3つの柱により支えられた土台の上に，さまざまな派生的な経済学の新たな分野や新たな手法が生まれ，発展している．その中でも現在，特に存在感を発揮している分野は，ゲーム理論と行動経済学であろう．ゲーム理論の誕生は，ノイマンとモルゲンシュテルンによる『ゲームの理論と経済行動』が出版された1944年であるとされる．比較的新しい学問分野ではあるが，ゲーム理論

は経済学のみならず，政治学，社会学，経営学など社会科学全般における共通言語のひとつになっており，すでに経済学の一分野を超えて独立した学問分野と言えるだろう．このゲーム理論は，互いに影響を与える状況における意思決定について分析する．わかりやすく言えば，相手との駆け引きについての学問である．互いに影響を与える状況の例としては，価格競争がある．ある地域に2店だけあるガソリンスタンドAとBを考えてみよう．もしAがガソリンをこれまでどおりの価格で販売しているのに，Bが急に値下げをすると，Bの客が増えるだけでなく，Aの客が減ってしまうだろう．逆にAが値上げをするとBの客はますます増えるだろう．しかしAとBの両方が値下げをすると集客効果は薄そうだ．ゲーム理論は，このような状況で両店がどのような行動を取るべきかについて視座を与えてくれる．ゲーム理論から得られた成果の現実での妥当性については，実験室内で（主に学生を被験者として）行われるラボラトリー実験で繰り返し検証されてきた．その結果，人間は伝統的な経済学が想定するほど合理的な行動を取り続けるのではなく，非合理的な行動を取ることがわかってきた．より正確にいえば，ある種の偏り（バイアス）をもって非合理的な行動を取ることがわかってきた．つまり現実の人間の非合理性にはある種のクセがあるということだ．経済学は，このような経済理論と現実の乖離があることを認め，その理論をより現実の人間に近いものへと修正してきた．このような過程において重要な貢献を行ったのは，行動経済学や実験経済学と呼ばれる経済学における新しい学問分野である．

　また研究手法として注目を集めているのは，RCT（ランダム化比較試験）を活用した社会実験（フィールド実験）であろう．RCTは，医学においては古くから効果測定に用いられており，エビデンス（科学的に認められる有効性の根拠）の高い手法である．高いエビデンスを持つRCTは，近年，経済学の分野においても存在感を示すようになった．ラボラトリー実験とは異なり，RCTの手法を現実の社会に応用し政策の効果を測定するというフィールド実験は，分析手法の進化と歩を合わせて急速に広まりつつある．このように経済学においては，

抽象的な理論的研究に加えて，豊富で詳細なデータと統計的手法を用いた実証研究の蓄積が飛躍的に増大した．その変化を可能にしたのは，次の 3 つの理由による．

　1 つ目は，コンピュータの進化である．近代経済学が誕生した19世紀末は言うに及ばず1980年代までは，経済学の研究者にとってもコンピュータはあまり馴染みのあるものではなかった．そのため，巨大なデータを用いた複雑な計算を行うことは現実的ではなく，また研究者の間でもデータに基づく実証的な研究よりも，数式によるエレガントな証明からなる理論的な研究の方を高く評価する傾向があったように思われる．パソコンの普及以前にデータの計算を担っていた巨大な「大型計算機」の計算能力も，我々の手のひらに収まる現代のスマートフォンにはとてもかなわない．

　2 つ目の理由は，研究手法の発展である．コンピュータの普及・発展により，経済学の世界でも，その計算力を活かした実証研究が増加しただけでなく，実証研究の方法自体にも飛躍的な進化がみられる．特に個票データと呼ばれる集計前の個々の経済主体そのもののデータを用いたミクロ計量経済学において，新たな分析手法が日々生まれている．

　最後の理由は，データの増加である．計算能力の驚異的な向上や，研究・分析手法の発展があっても，そもそもデータがなければ分析ができない．総務省 [2020] によれば，日本の固定系ブロードバンド契約者の総ダウンロードトラヒックは，2021年 5 月時点で 1 日あたり約 246 PB であり，[10] 5 年前に比べ約 3.49倍にも増加している．また，スマートフォンなどの普及に伴って，我々はSNS の利用により文字情報を，移動すれば位置情報を，電子決済を行えば取引情報を時時刻刻と生み出しており，我々一人ひとりがビッグデータの生産工場のようだ．溢れるような巨大なデータ，それを分析する手法の発展と，分析を可能にするコンピュータ．この 3 者が揃ったことで，経済学は現在も目覚ましい進化を遂げている．本章の経済学の定義も，ややもすれば早い時期に現実の経済学にそぐわないものになってしまうかもしれない．

注

1） 経済主体の1つである中央銀行については後述．なお日本の中央銀行である日本銀行は，厳密には日本銀行法によって立場を定められた独立した認可法人であり，政府機関ではない．しかし，金融政策を担当し，行政としての役割を持つことから便宜的に行政機関としている．

2） 総務省統計局「平成28年経済センサス―活動調査（確報）」による．企業には，法人と個人経営がある．なお，企業全体のうち，51.3％が個人経営の企業が占めており，世間一般の企業のイメージである「会社企業」は42.2％である（残りは，社団法人，財団法人，学校法人など会社以外の法人）．

3） 聞き馴染みがない言葉かもしれないが，これは我々が利用するいわゆる銀行のことであるが，中央銀行との対比のため，市場の中にある銀行という意味で市中銀行と呼ばれる．

4） 経済学者は英語では economist（エコノミスト）であるが，不思議なことに，日本においては経済学者とエコノミストは多くの場合異なっている．前者は主に大学での研究者を，後者は金融機関などで調査・分析などを行う専門職や，経済評論家のことを指すことが多い．

5） この「もうけ」は厳密には粗付加価値と呼ばれるものであり，以降で説明される所得の分配は，粗付加価値から固定資本減耗を引いた純付加価値についてのものである．なお，固定資本とは，生産に必要な投入財のうち，原材料や労働力以外の，生産設備や機械などのこと指す．固定資本減耗とは，固定資本の価値の損失額であり，機械の経年劣化や，設備の陳腐化によって発生する．

6） 名目値．名目値については本章第2節の（3）で説明する．

7） 内閣府「個別系列の概要」（https://www.esri.cao.go.jp/jp/stat/di/kobetu_gaiyou.html，2021年12月10日閲覧）．

8） 総務省「労働力調査」によれば，15歳以上人口のうち，就業者と完全失業者を合わせたもの．

9） RCT とは，評価における偏り（バイアス）を排除するため，調査対象を無作為（ランダム）にいくつかのグループに振り分けて効果を測定する統計的手法のことである．ワクチンの効果測定を例に挙げると，グループ全員にワクチンを接種して感染率を計測しても，比較対象がないためにワクチンが効いたかどうかわからない．そのため，グループをランダムに2つに分け，1グループのみにワクチンを接種することで，より正しくその効果を測定できる．

10） ペタバイト．1PB は100万 GB（ギガバイト）．

第2章

財政システムとその機能

第 1 節　財政の機能と仕組み

　財政とは，政府が租税や公債等により資金を調達し，国民生活にとって必要な行政サービスに係る資金を支出する経済活動である．ここでいう政府とは国（中央政府）だけでなく，都道府県や市町村といった地方公共団体（地方政府）も含まれるため，家計や企業といった民間部門に対し公共部門とも呼ばれる．

　財政には大きく分けて以下の3つの機能がある．① 資源配分機能，② 所得再分配機能，③ 経済安定化機能，である．

　資源配分とは，資本・労働・土地といった限りある財やサービスの生産要素（経済資源）を各経済主体（家計・企業・政府）に配分することである．ミクロ経済学で学ぶように，市場メカニズムによって効率的な資源配分は達成されるが，必ずしもそうした資源配分が効率的になされない場合もある．こうした状況は「市場の失敗」と呼ばれており，民間部門の経済活動に任せるだけでなく，政府が積極的に経済活動に関与することにより，社会的に望ましい資源配分が実現される．このような市場の失敗または資源配分機能の例としては，公共財・外部性・費用逓減，を挙げることができる．

　公共財とは民間で通常に取引される財（私的財）と異なり，非排除性と非競合性を持った財のことである．非排除性とは排除不可能性とも呼ばれ，財・サービスの対価を支払わなかった人を排除することができないことであり，「フリーライダー（ただ乗り）」の問題が発生する．フリーライダーとは財・サービスの消費に関してその対価の支払い（コストの負担）をせず，便益（ベネフィット）のみを享受することである．また非競合性とは，ある人が財・サービスを消費しても他の人の消費量は減らず，複数人が同時に消費することができることである．このような公共財は，利潤追求を目的とした民間部門の企業では供給されないため公共部門の政府が行政サービスとして供給している．具体例として，一般の道路や公園，国防・警察・消防，外交，などを挙げること

ができる．外部性とは，ある経済主体の行動が市場取引を通じないで他の経済
主体へ影響を与えることであり，その影響がプラスの場合を外部経済（正の外
部性），マイナスの場合を外部不経済（負の外部性）と呼んでいる．外部経済の
例としては産業の集積やワクチン接種，外部不経済としては大気汚染や騒音・
地球温暖化などの公害や環境問題が代表例である．費用逓減とは，電力・ガ
ス・水道・通信といった国のインフラを担う産業は総費用に占める固定費用の
割合が大きく，生産量の増加とともに平均費用が逓減するといった特徴がある[2]．
こうした産業では供給量の水準が低ければ利益が得られないため，小規模な企
業にとっては参入障壁が高いといえる．このため，企業間の競争ではなく政府
が直接事業を運営したり（水道事業），地域独占企業を認めることによって運営
（電力・ガス）されている[3]．

　次に所得再分配機能とは，市場競争によって生じた所得格差をそのまま放置
せず，何らかの形で是正すべきという考えに基づいて政府が実施する機能であ
る．先述したように市場メカニズムは効率的な資源配分を達成する優れた役割
を持っているが，その結果，所得格差や資産格差が生じる可能性がある．この
ため所得の公平化や格差の是正を目的とし，政府が高所得者から低所得者への
所得の再分配を行っている．具体的には，累進課税に代表されるように高所得[4]
者には高税率を低所得者には低税率を適用したり，低所得者に対する補助金の
給付等を行っている．所得の再分配は個人間だけでなく，現役世代から高齢世
代への世代間の再分配や，経済的に豊かな都市部からあまり豊かでない地方へ
の地域間の再分配も実施されている．しかし，どの程度の再分配が望ましいか
についてはさまざまな議論があり，公平性を重視した再分配を重視しすぎるこ
とにより，市場メカニズムの特性である効率性のメリットが失われるという問
題がある．こうした，平等性や公平性といった価値観の問題に関しては改めて
第3章で議論を行う．

　最後に経済安定化機能とは，好景気や不景気といった景気や経済状況の変動
を安定させる機能である．代表例として，自動安定化装置（ビルト・イン・スタ

ビライザー）と裁量的財政政策（フィスカル・ポリシー）がある．自動安定化装置
とは，財政制度の中に経済変動を安定化させる機能が組み込まれており，景気
の変動が起きても自動的に安定化させる仕組みであり，累進課税や失業保険が
代表例である．もし景気が悪化したならば，家計の所得は低下し失業者は増加
するが，累進的な課税制度により納税額は少なくなり，失業給付がされること
により需要が下支えされる．一方，好景気であれば納税金額が増加することに
より消費が抑制され，過度なインフレの進行を抑えることができる．裁量的財
政政策とは，不景気の時には公債を発行し，公共投資や減税政策を実施するこ
とにより景気の回復を図り，好景気の時には増税や歳出抑制を行い需要の拡大
を抑えている．

　図 2-1 はわが国の財政の仕組みを簡単に図示したものである．図によると，
国から国民に対して行政サービスがなされている．そして，国民から国へはそ
の財源として租税を通じた経路（図 2-1 の右側）と金融機関や金融市場を通じ
た経路（図 2-1 の左側）が記されている．国の予算は租税によって賄うことが
基本であるが，それだけでは不十分であるため国債を発行し金融市場から資金
調達を行ってる．国債を保有する主体は銀行や生命保険・損害保険会社に代表
される金融機関であり，一般の国民はそうした金融機関に預金や保険料支払い
を行っているため，その資金がファイナンスされている．

　国の会計は，一般会計と特別会計からなっている．一般会計とは，国の基本
的経費を賄うために必要な歳入・歳出を扱う会計のことであり，通常，予算と
いう場合はこの一般会計のことを指している．特別会計とは，国が行う特定の
事業や資金を運用する場合，特定の歳入で特定の歳出に充てるときに一般会計
とは別に歳入・歳出を経理する会計のことである．

　会計年度とは，政府が編成する予算の有効期間のことであり，日本の会計年
度は財政法第11条により 4 月 1 日から翌年 3 月31日までの 1 年間と定められて
いる．
5)

28

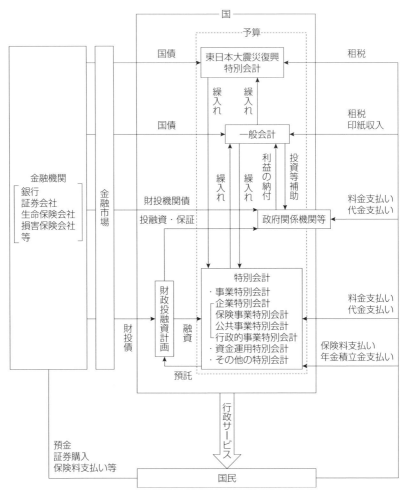

図2-1　財政の仕組み

(出所) 廣光編 [2020：63].

第2節　財政の歳出構造

ここでは，具体的にどのような項目に対して財政支出がなされているかを数

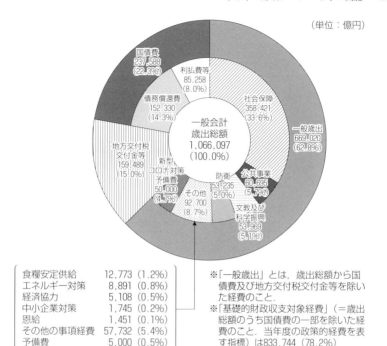

（単位：億円）

食糧安定供給　　　12,773（1.2%）
エネルギー対策　　 8,891（0.8%）
経済協力　　　　　 5,108（0.5%）
中小企業対策　　　 1,745（0.2%）
恩給　　　　　　　 1,451（0.1%）
その他の事項経費　57,732（5.4%）
予備費　　　　　　 5,000（0.5%）

※「一般歳出」とは，歳出総額から国債費及び地方交付税交付金等を除いた経費のこと．
※「基礎的財政収支対象経費」（＝歳出総額のうち国債費の一部を除いた経費のこと．当年度の政策的経費を表す指標）は833,744（78.2%）

図2‐2　一般会計歳出の内訳

（注1）計数については，それぞれ四捨五入によっているので，端数において合計とは合致しないものがある．
（注2）一般歳出における社会保障関係費の割合は53.6%.
（出所）財務省ホームページ（https://www.mof.go.jp/, 2021年12月10日閲覧）．

値に基づきみていこう．図2‐2は，2021年度（令和3年度）一般会計（予算）歳出総額の内訳である．歳出とは国や地方公共団体の一会計年度における一切の支出のことをいう．2021年度の一般会計予算は約106兆6000億円であり，歳出の中で最も大きな割合は社会保障に関する支出で，歳出総額全体の3分の1を占めている．この項目は，第1節で述べた所得の再配分と大きく関わりがあり，医療や福祉・年金や介護等，国民の健康や生活を守るために支出されている．高齢化が進展している近年の日本では，他の項目に比べて大きくその割合が伸びており，今後も一層の増加が予想される．つぎに大きな支出は国債費であり，

全体の約4分の1の割合である．これは過去に発行した国債の元本返済である債務償還費（14.3%）とその利子に関わる利払費等（8.0%）の合計である．借金をした際には利子を支払う必要があるが，国債費および歳出総額に占める利払費の割合が非常に高いことが理解できる．

つぎに大きな割合は地方交付税交付金等である．ここで簡単に地方交付税交付金の解説を行う．地方公共団体（都道府県や市区町村）は，国民の日常生活に密接に結びついた教育・警察・消防・環境衛生・生活保護などの公的サービスを行うため，地方税を集めている．しかし，その地域の経済状況などによって，それぞれの地方公共団体の財政力に違いがあるため，公的サービスに格差が生じないよう，国が地方公共団体の財政力を調整するために，使途を制限しない財源として支出されている．これが地方交付税交付金等であり，歳出総額の15%を占めている．

一般歳出とは，歳出総額から国債費および地方交付税交付金等を除いたものであり，国が裁量的に行う政策の経費である．また，一般歳出に地方交付税交付金を加えた経費は「基礎的財政収支対象経費」または「プライマリーバランス」と呼ばれている．2021年度一般会計予算に占める一般歳出は62.8%であり，先述した社会保障費がその半分以上を占めている．次に大きな支出は公共事業費の5.7%であり，道路や港湾，住宅や下水道，公園，河川の堤防やダムなど，社会経済活動や国民生活，国土保全の基盤となる施設の整備に使われている．教育や科学技術の発展のために用いられる文教及び科学振興費は5.1%，防衛費は5.0%であり，新型コロナ対策予備費は4.7%といった割合になっている．

図2-3は一般会計歳出総額に占める，一般歳出・地方交付税交付金・国債費，それぞれの割合（%）を1960年度以降のデータで示したものである．地方交付税交付金は国税収入の一定割合を地方公共団体に交付するという制度的な特徴から，約20%程度の割合でほぼ一定に推移している．国債費は，1960～70年と比較して1980年以降大きくその割合が増加した．このため裁量的に政策を実行する経費である一般歳出の割合は相対的に低下し，近年は約6割の水準で

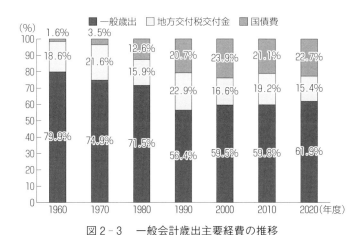

図2‐3　一般会計歳出主要経費の推移

（出所）財務省ホームページ（https://www.mof.go.jp/, 2021年12月10日閲覧）より筆
者作成.

推移しており，財政の硬直化が進んでいる．

　図2‐4は国の政策的経費である一般歳出のうち，社会保障・公共事業・文
教及び科学振興・防衛，といった主要経費の推移を示している．なお図の数値
は一般会計歳出総額に占める割合（％）である．1960年度には最大の歳出経費
であった公共事業費は，日本の高度経済成長とそれに伴うインフラ整備の充実
により，その構成比は大きく低下している．また文教及び科学振興費や防衛費
もその割合は低下傾向にある．一方，社会保障費の割合は増加傾向にあるだけ
でなく，近20年では急激な伸び率である．社会保障への支出は先述した財政の
所得再分配機能と大きく関連しており，1975年度以降現在に至るまで最大の歳
出項目となっている．ここで簡単に日本の社会保障制度の歴史を振り返ってみ
よう．今から半世紀以上前の1961年にすべての国民が医療保険および年金によ
る保障を受けられるという「国民皆保険・皆年金」が実現した．当時は高度経
済成長を背景として社会保障の役割が「救貧」から「防貧」へと移行し，日本
の社会保障制度体系が整備された時代であった．その後1973年は「福祉元年」
と呼ばれ，老人医療費の無料化や医療保険における高額療養費制度，年金の物

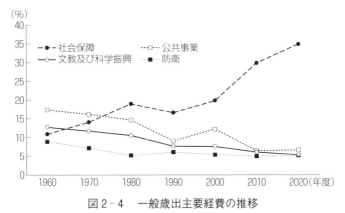

図2-4 一般歳出主要経費の推移

（出所）財務省ホームページ（https://www.mof.go.jp/，2021年12月10日閲覧）より筆者作成．

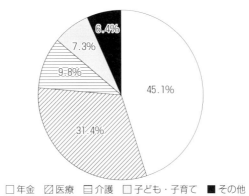

□年金 ◫医療 ☰介護 ▨子ども・子育て ■その他

図2-5 社会保障費の内訳

（注）2021年度一般会計予算ベースである．
（出所）厚生労働省ホームページ（https://www.mhlw.go.jp/，2021年12月10日閲覧）より筆者作成．

価スライド制などが導入された．その後経済成長率の低下や急速な高齢化を反映し，社会保障に関係する支出は著しく増加している．

　図2-5は2021年度一般会計予算の社会保障費の内訳である．年金が最大の支出項目であり，医療と合わせて4分の3を占めており，子ども・子育てはわ

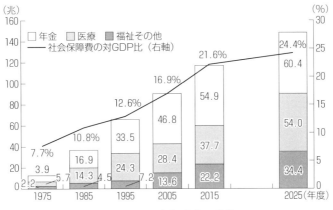

図 2 - 6　社会保障費の推移

(注) 2015年度まで：「社会保障費用統計（平成27年度）」.
　　2025年度：「社会保障に係る費用の将来推計について《改訂後（平成24年3月）》
　　　（給付費の見直し）」.
(出所) 国税庁ホームページ（https://www.nta.go.jp/, 2021年12月10日閲覧）より筆
　　者作成.

ずか7.3%である.

　図 2 - 6 は社会保障費のうち，年金・医療・福祉その他，の各項目および社会保障費の対 GDP 比の推移を示した図である．現在でも大きな割合である年金と医療への支出金額は近年もより一層増加しており，社会保障費を経済規模の目安となる GDP との比率で測っても急激に上昇していることがみてとれる．

第 3 節　財政の歳入構造

　この節では，こうした財政支出に必要な資金をどのような手段によって賄っているのかを考えてみよう．国や地方公共団体の会計年度における収入のことは歳入と呼んでいる．図 2 - 7 は2021年度（令和3年度）一般会計（予算）歳入総額の内訳である．一般会計歳入の総額は先の図 2 - 2 と同額の約106.6兆円である．図 2 - 7 によると一般会計歳入の大部分は租税および印紙収入[6]と公債金[7]で

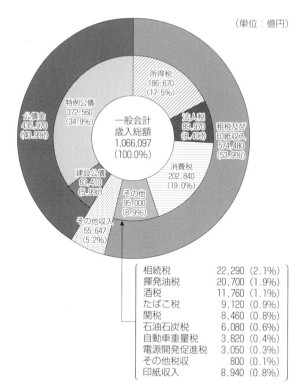

（単位：億円）

相続税	22,290	(2.1%)
揮発油税	20,700	(1.9%)
酒税	11,760	(1.1%)
たばこ税	9,120	(0.9%)
関税	8,460	(0.8%)
石油石炭税	6,080	(0.6%)
自動車重量税	3,820	(0.4%)
電源開発促進税	3,050	(0.3%)
その他税収	800	(0.1%)
印紙収入	8,940	(0.8%)

図 2 - 7　一般会計歳入の内訳

（出所）財務省ホームページ（https://www.mof.go.jp/, 2021年12月10日閲覧）.

占められている．租税とは，原則として使途を制限しない国税であり一般会計の最も基本となる収入であるが，現在ではおよそ半分の割合であり，残りの半分近くは公債金すなわち新たな借金による収入である．租税の内訳としては消費税（19.0%）の割合が最も高く，以下所得税（17.5%），法人税（8.4%）の順であり，この3つの税で約45%を占めている．

　図 2 - 8 は，一般会計歳入を税収・公債金収入・その他収入，の3つに分け，それぞれの構成比率を1975年度以降10年ごとに図示したものである．2021年度は図 2 - 7 と同様に，税収は53.9%であり，公債金は40.9%である．近年の構

図 2‑8　一般会計歳入構成の推移

（注 1 ）2015年度までは決算額，2021年度は予算額である．
（注 2 ）公債金収入は，1995年度は消費税引き上げに先行して行った減税による租税収入の減
　　　　少を補うための減税特例公債を除いている．
（出所）財務省ホームページ（https://www.mof.go.jp/，2021年12月10日閲覧）より筆者作成．

成割合を以前と比較すると，税収の割合が低下し公債金の割合が増加している
ことが理解できる．

　ここで税について簡単に解説をしておこう．日本の税に関する基本原則とし
て「公平・中立・簡素」の 3 つが挙げられている．

　まず公平の原則には「垂直的公平」と「水平的公平」がある．垂直的公平と
は，担税力（税を負担する能力）の高い人はより多くの負担をする考え方であり，
水平的公平とは，担税力が同じ人は等しく負担を行う考え方である．垂直的公
平については，所得の高い人ほど高い税負担率が適用される所得税のような税
があり，こうした税は累進的または累進課税と呼ばれており，経済的弱者を保
護する目的の所得再分配政策の一例とされる．反対に，所得の低い人ほど高い
税負担率が適用されることを逆進的，または逆進性があると呼んでいる．水平
的公平に関しては，「クロヨン」[9]と呼ばれる問題が指摘されている．これは課
税対象になる所得のうち捕捉率（税務当局が所得を把握できる度合い）が，給与所
得者が 9 割，自営業者が 6 割，農家が 4 割と，職業によって異なり，水平的公

表 2-1　日本の税制と税目

	直接税	間接税
国　税	所得税，法人税，相続税，贈与税など	消費税，酒税，たばこ税，揮発油税，関税など
地方税	住民税，事業税，固定資産税，自動車税など	地方消費税，地方たばこ税，ゴルフ場利用税，入湯税など

（出所）筆者作成.

平の観点からは問題ではないかという指摘がある.

　中立の原則とは，先に述べた財政の資源配分機能にも対応するもので，課税によって家計や企業の行動に影響を与えず，経済の効率的な資源配分メカニズムを歪めてしまうことのないようにすべき，という考え方である．先にみた公平の原則，とくに所得再分配を目的とした垂直的公平を重視すると，経済の効率的な資源配分に歪みが生じ，中立性は低下する．このような効率と公正はしばしばトレード・オフの関係にあるといえる.

　最後に簡素とは，納税者である国民にとって理解しやすい税の仕組みにすべきであるという原則である.

　また，税は納め方と納め先により表 2-1 のようにまとめることができる.

　税の納め先として，国に収める税は国税，都道府県や市町村といった地方公共団体に収める税は地方税である[10]．直接税と間接税の違いは税の納め方の違いであり，納税義務者（税を納める人）と担税者（税を負担する人）が同一であれば直接税，納税義務者と担税者が異なる場合は間接税と呼んでいる．先に挙げた図 2-7 は国の一般会計歳入のため国税であり，所得税や法人税は直接税，消費税は間接税に区分される[11]．例えば，所得税は個人の所得に課税される税であるため，担税者である個人が国や地方公共団体に納税していることから直接税であり，消費税は消費一般に広く公平に負担を求める税であり，最終的に財やサービスを消費する消費者が負担し，サービス業などの事業者が納税しているため間接税である.

　このような視点とは別に，負担能力や税を負担する尺度といえる課税ベースに応じて分類することができる．① 所得課税，② 消費課税，③ 資産課税，という分類である．① 所得課税とは，個人や法人の所得を担税力（負担能力）として課税するものであり，国税の所得税や法人税，地方税の住民税や事業税などがある．② 消費課税とは，財やサービスの消費を担税力とみなして課税するものであり，消費税以外にも，酒税・たばこ税・揮発油税・関税などの間接税がある．③ 資産課税とは，所得や消費以外の担税力としての資産保有に対して課税するものであり，無償で資産を取得した場合の相続税や贈与税，資産を保有している場合に対する固定資産税や自動車税，などの直接税がある．

　また，使途を特定せず一般経費に充てるために課税されるものを普通税，使途を限定し特定の経費に充てることを明示したものを目的税，とする分類もある．

　いずれの税目においても，それぞれの長所や短所といった特徴があるため，特定の税目に依存することなく，所得・消費・資産等を適切に組み合わせた税制度を構築し運営することが重要である．

　図2-9は，一般会計税収において代表的な税目である，所得税・法人税・消費税，それぞれの税収金額，および一般会計税収入の合計の推移が示されている．税収は各年の経済状況に影響を受けることから，毎年大きく変動している．とくに個人所得や法人所得は景気変動の影響を大きく受けるため，所得税や法人税は毎年の税収が大きく動いている．しかし1989（平成元）年に導入された消費税は各年の税収額はほぼ一定であり，税率が3％から5％に上がった1997（平成9）年，5％から8％に上がった2014（平成26）年，8％から10％に上がった2019（令和元）年，それぞれに税率の上昇に伴って税収も増加していることがみてとれる．すなわち消費税は，所得税や法人税と異なり，景気変動の影響をあまり受けず，安定的に税収が確保できるという特徴がある．

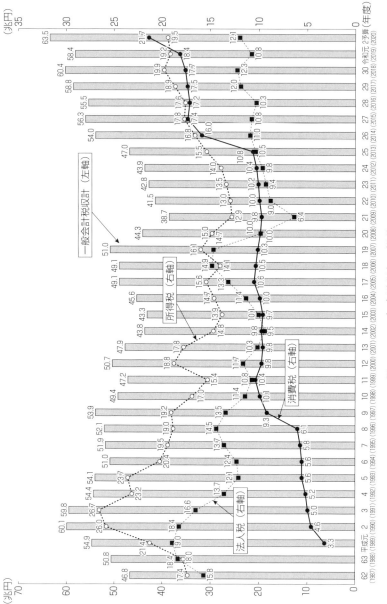

図 2 - 9 　一般会計税収の推移

（注）令和元年度以前は決算額。令和 2 年度は予算額である。
（出所）財務省ホームページ（https://www.mof.go.jp/．2021年10月 1 日閲覧）．

第４節　国債の発行と債務残高

　日本の財政に関しては図２-７や図２-８でみたように，一般会計歳入に占める公債金の割合は非常に高く，近年はその割合も高まっている．そこでこの節では，過去50年あまりの長期的な財政状況の推移を公債の発行状況を中心に概観してみたい．図２-10は一般会計の歳出総額と税収金額に加え，建設国債および特例国債の発行額の動向である[15]．

　図の２本の折れ線グラフのうち，上の折れ線は一般会計歳出の推移である．過去50年あまりにわたって増加傾向を示しており，2010年頃からは100兆円前後の規模で推移している[16]．下の折れ線グラフは一般会計歳入における税収の動向である．1990年頃までは一般会計歳出と同様の動きをしていたが，バブル経済崩壊の1990年代前半以降，低下および横ばいで推移しており，増加傾向を示す歳出総額とのギャップが大きくなっている．この歳出と税収の２本の折れ線グラフの形状は「ワニの口」のように開いており，図の棒グラフで示される国債を発行することにより賄っている．

　国が発行する債券である国債は，発行の根拠となる法律により大きく２つに分けられる．１つは財政法第４条による建設国債であり，もう１つは特例公債法による特例国債いわゆる赤字国債である．

　財政法第４条第１項には「国の歳出は，公債又は借入金以外の歳入を以て，その財源としなければならない．但し，公共事業費，出資金および貸付金の財源については，国会の議決を経た金額の範囲内で，公債を発行し又は借入金をなすことができる．」とある．このため，建設国債は別名四条国債とも呼ばれており，建設国債による支出は基本的に公共事業費に限定されている．建設国債は1966年度以降毎年発行されているが，図２-10によると近年の国債発行額全体の増加と比べるとその伸びは横ばいである．これは図２-４でみたように，一般歳出に占める公共事業費の伸びが低下傾向であることと対応している．

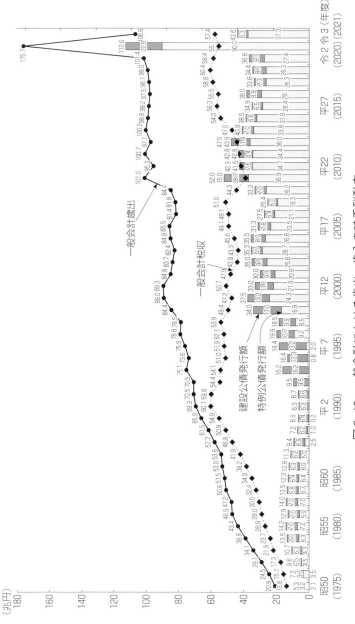

図2-10 一般会計における歳出・歳入の時系列動向

(注1) 令和元年度までは決算。令和2年度は第3次補正後予算案。令和3年度は政府案による。
(注2) 令和元年度および令和2年度の計数は、臨時・特別の措置に係る計数を含んだもの。
(注3) 公債発行額は、平成2年度は湾岸地域における平和回復活動を支援するため財源を調達するための臨時特別公債、平成6～8年度は消費税率3％から5％への引上げに先行して行った減税による租税収入の減少を補うための減税特例公債、平成23年度は東日本大震災からの復興のために実施する施策の財源を調達するための復興債、平成24年度および25年度は基礎年金国庫負担2分の1を実現する財源を調達するための年金特例公債を除いている。

(出所) 財務省ホームページ (https://www.mof.go.jp/、2021年12月10日閲覧)。

　赤字国債は1965年度補正予算で初めて発行された後，1975年度補正予算で10年ぶりに発行されて以降は，1990年度から1993年度の4年間を除き毎年発行されている．赤字国債は，税収および建設国債の発行によってもなお歳入が不足すると見込まれる場合に，公共事業費以外の歳出に充てる資金を目的として発行されている．その発行に際しては，財政法第4条により赤字国債の発行は禁止されているため，毎年特例の法律を作成し，国会の承認を得ることによって発行されている．

　図2-11は図2-10の国債発行額の推移に加えて公債依存度の推移を示したものである．公債依存度とは，一般会計歳出に占める公債発行額の比率であり，当該年度の予算総額に占める借金の割合である．図2-11によると公債依存度は，1970年代の石油危機による不況対策として国債が大量発行されたことから30％前後の水準まで増加したが，1980年代後半からの財政再建やバブル経済による好景気の影響もあり1990年度には10％を切る水準にまで低下した．しかしその後，バブル経済の崩壊による不況が長く続いたため公債依存度は上昇し，アジア通貨危機や金融危機の影響を受けた1998年度には40％を超え，リーマン・ショックによる影響が日本経済に大きく影を落とした2009年度には50％を超えることになった．その後2010年代は税収の増加に伴い公債依存度は30％台の水準に低下したものの，2021年度の累積債務残高は約1000兆円という規模になっている．

　このような日本の債務残高の問題を，他の主要国との国際比較を行うことにより考えてみよう．先に述べたように現在の日本の債務残高は約1000兆円であるが，一国の財政の健全性を測る際には債務残高だけでなく「純債務残高」を用いる考え方もある．純債務残高とは，債務残高から政府が保有する金融資産を除いた概念であり，グロス（債務残高）ではなくネット（純債務残高）で測ることに基づいている．図2-12は2005年以降の日本をはじめとする主要国の純債務残高の推移である．2020年の日本の純債務残高は対GDP比で177.1％であり，世界の主要国の中で最も高い水準となっている[17)].

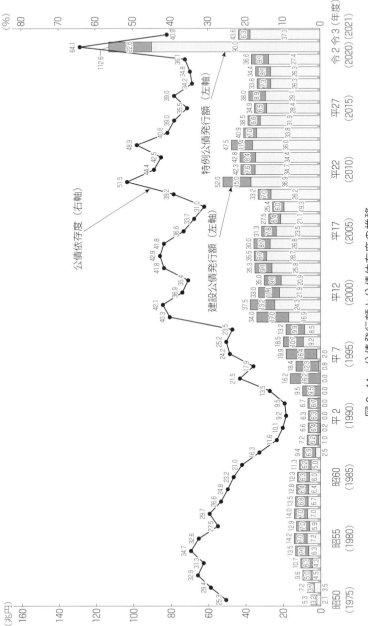

図 2-11　公債発行額と公債依存度の推移

(注1) 令和元年度までは決算, 令和2年度は第3次補正後予算案, 令和3年度は政府案による.

(注2) 令和元年度および令和2年度の計数は, 臨時・特別の措置に係る計数を含んだもの.

(注3) 公債発行額は, 平成2年度は湾岸地域における平和回復活動を支援するため財源を調達するための臨時特別公債, 平成6～8年度は消費税率3%から5%への引上げに先行して行った減税による租税収入の減少を補うための減税特例公債, 平成23年度は東日本大震災からの復興のために実施する施策の財源を調達する公債償還費, 平成24年度および25年度の基礎年金国庫負担2分の1を実現する財源を調達するための年金特例公債を除いている.

(注4) 公債依存度は公債発行額を一般会計歳出総額で除して算出.

(出所) 財務省ホームページ (https://www.mof.go.jp/. 2021年12月10日閲覧).

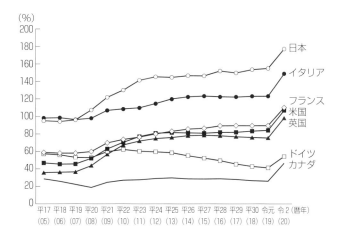

図 2-12　純債務残高の国際比較（対 GDP 比）

(注 1) 数値は一般政府（中央政府，地方政府，社会保障基金を合わせたもの）
　　　　ベース.
(注 2) 日本は2019年および2020年，それ以外の国々は2020年が推計値．なお，
　　　　2021年については，日本：178.9%，米国：107.3%，英国：101.6%，ドイ
　　　　ツ：54.2%，フランス：109.8%，イタリア：146.1%，カナダ：48.4%と推
　　　　計されているが，日本について令和 2 年度第 3 次補正予算案および令和 3 年
　　　　度政府案によって見込まれる純債務残高の増加が反映されていないことに留
　　　　意が必要.
(資料) IMF "World Economic Outlook"（2020年10月）.
(出所) 財務省ホームページ（https://www.mof.go.jp/，2021年12月10日閲覧）.

　このように日本の財政状況は，第 4 章や第 5 章で詳しく考察する少子高齢化
が進行する環境下において，社会保障費の増大という構造的な問題を抱えてお
り，今後も厳しい財政運営に直面しているのが現状である.

注
1 ）　高速道路などの有料道路は料金を支払わない人を排除可能である．また，無料の一
　　　般道路であっても混雑した道路は非競合性の特徴は低下する.
2 ）　詳しくはミクロ経済学のテキストを参照されたい.
3 ）　近年は電力や通信の自由化が進展し，民間企業による新規参入が活発に行われてい
　　　る.
4 ）　所得税や相続税などは，所得や相続財産の多い人には高い税率を適用し，少ない人

には低い税率を適用する税制である.

5） 他の主要国の会計年度は，イギリスは日本と同じく4月からであるが，ドイツやフランスは1月から，アメリカは10月からであり会計年度の始期は国によりさまざまである.

6） 印紙収入による割合はごく僅か（0.8%）であるため，租税すなわち税による収入が大部分である.

7） 公債金とは国債により資金調達された国の収入でありその元本額である．一方で国債費は，元本に加え利子も含まれている．このため財務省の統計資料では，歳入に関しては公債金，歳出については国債費が用いられている.

8） 使途を制限する租税は一般会計ではなく特別会計の歳入である.

9） 同様の言葉として「トウ・ゴ・サン」（10割・5割・3割）と呼ばれる例もある.

10） 地方税は都道府県税と市町村税に分けることができる.

11） 2019年10月より消費税率は10%に引き上げられたが，厳密にいうと国税の消費税率は7.8%，地方税の地方消費税率は2.2%であり，合計した税率が10%である.

12） いわゆるガソリン税である.

13） キャピタル・ゲインや配当，利子といった金融資産に対する課税は，一般に所得課税に分類される.

14） 消費税率が10%に変更されたのは2019年10月である．このため，2019年の数値にはあまり反映されず翌年の2020年の数値が大きく変動している.

15） 図では建設公債，特例公債と記されているが，本章では一般的に用いられる建設国債，特例国債といった表記を行う.

16） 2020年の大きな増加は，新型コロナウイルス感染症への対応によるものである.

17） 債務残高を用いた2020年の対GDP比率は266.2%であり，図2-12の純債務残高と同様に，過去10数年間主要国で最も高い水準にある.

第3章

公共部門の役割と経済政策

第⟳1⟳節　経済政策の目標

　第2章では，政府が行う経済活動である財政について，現状の動向やその役割に関する議論を行った．本章では，中央および地方を含めた政府である公共部門が民間部門とどのような関係にあるのかを踏まえ，経済政策運営における位置づけや果たすべき役割について論じることにより，今後の公共部門や経済政策のあり方について考察を行う．

　経済活動において，政府が果たすべき役割は多種多様である．第2章では財政には① 資源配分，② 所得再分配，③ 経済安定化，の3つの機能があり，その具体的な事例について論じた．ここでは，経済安定化を例にとって別の視点から考えてみよう．家計部門の国民や企業は不景気になれば政府に対して景気対策を要求する．景気対策の具体例としては，公共事業や減税が想定されるが，その財源はどこから捻出すればいいのであろうか．あるいは誰がどのような方法で負担するのであろうか．そして，景気の良い悪いはどのような基準で判断し，そもそも景気対策をしたからといって，本当に景気は良くなるのであろうか．また所得再分配に関しても，その必要性は理解しやすいが，どの程度の再分配が社会的に必要な水準なのであろうか．

　この節では，経済政策を実施する際のその目標について考えてみよう．一国の経済政策の目標としては，どのような指標が考えられるであろうか．「豊かな国」という直観的な目標が最も想定されるが，「豊かさ」というものは個々人によってその定義や中身は異なるであろう．そこで，豊かさや幸福を客観的な数値で表すために[1]，まず想定されるのは所得水準であり，一国全体の所得であるGDP（国内総生産）の水準やGDPの変化率である経済成長率が用いられ，それらの値が高いことは一国全体として望ましいと考えられる．なおGDPは国の規模や人口に大きく影響を受けるため，国際的な比較を行う際にはGDPを人口で除した一人あたりGDPも重視される．

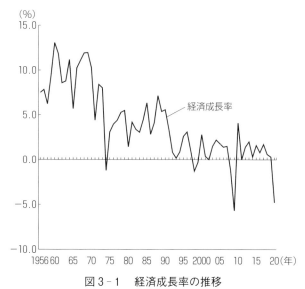

図3-1　経済成長率の推移

（出所）内閣府『国民経済計算』.

　図3-1は1956年以降の日本の経済成長率の推移を示したものである．経済成長率とは，名目GDPから物価変動を除去した実質GDPの変化率のことであるため，長期時系列の動向を観察する際には有益である．図によると，1950年代から60年代にかけての高度経済成長期には10％前後の高い成長率を記録していたが，1970年代に入ると2度のオイルショックの影響もあり，経済成長率は3-5％程度と高度成長期の半分以下に落ち込んだ．1990年代に入るとバブル経済の崩壊後に経済成長率は一段と低下し，1998〜99年には金融危機やアジア通貨危機の影響により再び成長率はマイナスとなった．2009年にはアメリカ発の世界同時不況（リーマン・ショック）の影響によりマイナス5％を超える大きな落ち込みとなった．その後経済成長率は1％前後で推移していたが，2020年は新型コロナウイルス感染拡大の影響もあり，再び大きなマイナス成長を記録している．このように1990年代半ば以降の日本の経済成長率は低い水準で推移していることが確認できる．

図3-2　労働力人口と非労働力人口
（出所）筆者作成.

　経済政策の目標としては雇用の安定も重要である．就業を望む人に職がない状況は社会的に望ましい状況といえないからである．雇用を表す代表的な指標は総務省が作成する「完全失業率」である．完全失業率とは労働力人口に占める完全失業者の割合であり，完全失業者とは就業が可能で就職活動をしているが就職できていない人々の総数である．

　労働力人口と非労働力人口については，図3-2のように分けることができ，労働力人口とは労働市場に参加している人々であり，非労働力人口とは，学生や専業主婦・高齢者などの労働市場に参加していない人々のことである．

　図3-3は1990年以降の日本の完全失業率が男女別および25～34歳の若年層の推移とともに示されている．失業率の値が高いということは労働者にとって就職しにくい状況であり，失業率が低ければ就職しやすい状況である．

　図3-3によると，図3-1の経済成長率の推移と同様に1990年代後半から2000年代初頭にかけて完全失業率は悪化した後，2000年代半ば以降は5％を切る水準で安定していた．その後，2000年代後半のリーマン・ショックで一気に完全失業率は上昇し過去最高の5.5％を記録した後，徐々に低下傾向となり2019年12月には2.2％にまで低下した．この時期は完全失業率が二十数年ぶりに低い水準であり，人手不足が深刻な問題となっていた．2020年は新型コロナウイルス感染拡大の影響により失業率は上昇したが，2021年には再び3％を切る水準にまで低下している．

　男女別の推移をみると，1990年代後半以降，男性に比べて女性の失業率が低い水準になっている．また年齢別のデータで唯一取り上げた若年層の失業率は，

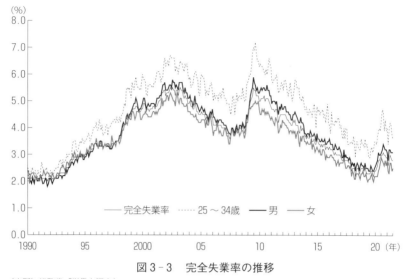

図3-3　完全失業率の推移

（出所）総務省『労働力調査』.

全体の失業率と比較して時代を問わず1％ほど高い水準になっている．これは若年層が他の年代に比べて転職率が高いことによる離職率の高さや，非正規雇用の割合が高いことも原因として考えられる．

　女性の失業率が低いことは女性の雇用環境が良いということと必ずしも一致しない．図3-2の完全失業者とは勤労意欲がありながら就職できていない人のことであるが，女性や高齢者は，本当は働く意欲があるため完全失業者であるにもかかわらず，専業主婦や高齢者として調査に答えてしまうと，就職の意思がない非労働力人口にカウントされることにより完全失業率のデータに反映されず，結果として失業率を下げる要因となっている．このため，女性の失業率が低いからといって男性に比べて女性の就業状況が良いとは解釈できないといえる．

　また，従業者の定義は調査期間中の1週間に収入の伴う仕事を1時間以上すること，であることから，従業者の定義が低すぎるため，本来の水準よりも完全失業率が低く計測されているのではないかという指摘もある．

表 3‑1　世界幸福度ランキング（2021年）

順位	国　名	スコア
1位	フィンランド	7.842
2位	デンマーク	7.620
3位	スイス	7.571
4位	アイスランド	7.554
5位	オランダ	7.464
6位	ノルウェー	7.392
7位	スウェーデン	7.363
8位	ルクセンブルク	7.324
9位	ニュージーランド	7.277
10位	オーストリア	7.268
13位	ドイツ	7.155
17位	イギリス	7.064
19位	アメリカ	6.951
21位	フランス	6.690
24位	台　湾	6.584
56位	日　本	5.940
62位	韓　国	5.845
76位	ロシア	5.477
77位	香　港	5.477
84位	中　国	5.339
139位	インド	3.819
147位	ルワンダ	3.415
148位	ジンバブエ	3.145
149位	アフガニスタン	2.523

（出所）世界幸福度レポートホームページ（https://worldhappiness.report/ed/2021/，
2021年10月1日閲覧）より筆者作成.

　このようにいくつかの問題点は残されているものの，完全失業率は雇用を表す代表的な経済指標として広く利用されている.

　最後に，経済政策の目標ではないが，国内総生産（GDP）に代表される経済

指標だけでは測ることのできない豊かさを表す指標に関して，近年では，幸福度に関する指標として世界幸福度ランキングが2012年より毎年報告されている．

表 3 - 1 は，国連の持続可能開発ソリューションネットワーク（SDSN）が，世界の150ヵ国以上を対象に2012年から毎年実施されている調査である「世界幸福度ランキング（2021年）」より，対象の149ヵ国から上位10ヵ国および下位 3 ヵ国に日本を含む主要国を加えた表である．

このランキングは対象国・地域の数千人に対して主観的な幸福度を評価してもらうだけでなく， 1 人あたり GDP・社会的な支援（Social Support）・健康寿命（healthy life expectancy）・人生を選択する自由度（freedom to make life choices）・寛容性（Generosity）・汚職の程度（Perceptions of corruption） などの客観的な要因を加え総合評価をし，過去 3 年間の平均値によってランキングされている．

2021年の 1 位はフィンランドであり最下位はアフガニスタンである．上位は例年通り欧州諸国，とくに福祉国家といわれる北欧諸国が占め，日本は過去最低であった2020年の62位から56位へ順位を上げているものの，各項目では，GDP と健康寿命以外の評価が低く，とくに，人生を選択する自由度と寛容性および日本人の主観的な幸福度が非常に低い評価になっている．

第2節　景気の動向

一国の経済状況を表す経済指標として，景気の状況や景気循環は常に注目されている．日本の景気を表す統計指標としては，内閣府が作成する「景気動向指数」と日本銀行が作成する「日銀短観」が代表的である．

景気動向指数とは，生産や雇用など景気の動向に敏感に反応するだけでなく，さまざまな経済活動において重要な複数の指標の動きを統合することにより，景気の現状把握だけでなく将来予測にも利用することを目的として作成された経済指標である．景気動向指数には，CI（Composite Index：コンポジット・イン

デックス）と DI（Diffusion Index：ディフュージョン・インデックス）がある．CI は
構成する指標の動きを合成することで景気変動の大きさを測定し，DI は構成
する指標のうち，改善している指標の割合を算出することで景気の各経済部門
への波及の度合いを測定することが主な目的である．従来は DI を中心として
用いられていたが，近年，景気変動の大きさや量感を把握することがより重視
されてきたため，2008年 4 月以降，CI が中心に利用されている[2)]．

　景気動向指数の CI および DI には，それぞれ，景気に対し先行して動く先
行系列，ほぼ一致して動く一致系列，遅れて動く遅行系列の 3 つの指数がある．
現状の景気を判断する際に用いられるのは一致系列であり，先行系列は景気の
動向を予測する目的で利用される．また遅行系列は景気の事後的な確認に用い
られる．表 3 - 2 は2021年 3 月に改定された現行の景気動向指数採用系列であ
る．

　CI と DI は共通の指標を採用しており，2021年 3 月以降の採用系列数は，先
行系列11，一致系列10，遅行系列 9，の合計30系列である．採用系列は概ねひ
とつの山もしくは谷が経過するごとに見直しを行っており，現行系列は，第16
循環の景気の山の暫定設定時（2020年 7 月）に選定されている．

　このようにして作成された景気動向指数（CI）の一致系列を，1985年以降の
推移を示したものが図 3 - 4 である．

　図の折れ線グラフの動きから日本の景気循環を読み取ることができる．折れ
線グラフが上昇していれば景気の拡張局面，低下していれば景気の後退局面と
解釈している．

　表 3 - 3 は内閣府経済社会総合研究所が作成した景気基準日付の表であり，
戦後の1951年 6 月からの景気循環およびその転換点となる景気の谷や山の年月
が記されている．

　景気循環とは，経済が時間とともに好景気と不景気を繰り返しながら変動す
ることであり，谷から山を経て谷までを 1 つの循環（全循環）としている．景
気の谷とは景気が後退期から拡張期に変化する転換点のことであり，景気の山

表 3-2　景気動向指数採用系列（30系列）

先行系列	1．最終需要財在庫率指数（逆サイクル）
	2．鉱工業用生産財在庫率指数（逆サイクル）
	3．新規求人数（除学卒）
	4．実質機械受注（製造業）
	5．新設住宅着工床面積
	6．消費者態度指数　※二人以上世帯・季節調整値
	7．日経商品指数（42種総合）
	8．マネーストック（M2）（前年同月比）
	9．東証株価指数
	10．投資環境指数（製造業）
	11．中小企業売上げ見通し DI
一致系列	1．生産指数（鉱工業）
	2．鉱工業用生産財出荷指数
	3．耐久消費財出荷指数
	4．労働投入量指数（調査産業計）
	5．投資財出荷指数（除輸送機械）
	6．商業販売額（小売業，前年同月比）
	7．商業販売額（卸売業，前年同月比）
	8．営業利益（全産業）
	9．有効求人倍率（除学卒）
	10．輸出数量指数
遅行系列	1．第3次産業活動指数（対事業所サービス業）
	2．常用雇用指数（調査産業計，前年同月比）
	3．実質法人企業設備投資（全産業）
	4．家計消費支出（勤労者世帯，名目，前年同月比）
	5．法人税収入
	6．完全失業率（逆サイクル）
	7．きまって支給する給与（製造業，名目）
	8．消費者物価指数（生鮮食品を除く総合，前年同月比）
	9．最終需要財在庫指数

（注1）「逆サイクル」は，指数の上昇・下降が景気の動きと反対になる指標であることを指す.
（注2）第13次改定（2021年3月）として，第16循環の景気の山の暫定設定時にあわせ改定された.
（出所）内閣府経済社会総合研究所ホームページ（https://www.esri.cao.go.jp/，2021年12月10日閲覧）より筆者作成.

(2015年=100)

図3‐4 景気動向指数（CI）一致系列の推移

（出所）内閣府経済社会総合研究所『景気動向指数』．

とは景気が拡張期から後退期に変化する転換点のことである．換言すれば，谷から山が景気の拡張期であり，山から谷が景気の後退期である．

　景気の後退期は，雇用や生産量が低下し経済が後退局面にある期間のことであり，景気の拡張期とは，雇用や生産量が上昇し経済が拡張局面にある期間のことを表している．景気基準日付は，CIの一致指数の各採用系列から作られるヒストリカルDIという指標に基づいて，景気動向指数研究会の議論に基づき日付が決定されており，概ね先の**図3‐4**の動きと対応している．**図3‐4**の灰色部分は**表3‐3**に記されている景気の山から谷の期間すなわち後退期を表しており，白色の部分は景気の谷から山の拡張期を意味している．このため，**図3‐4**の折れ線グラフが上昇している期間は景気の拡張期，下降している期間は景気の後退期でもある．

　図3‐4や**表3‐3**より，景気の全循環はおよそ3年から7年であり，平均は52.4ヵ月である．景気の後退期の平均は16.1ヵ月であるが拡張期は38.5ヵ月と2倍以上長いことが読み取れる．1980年代後半のバブル経済期である第11循環は4年以上，2000年代の第14循環は6年以上，2010年代のアベノミクス期は暫

表 3 - 3　景気基準日付

循　環	谷	山	谷	期　間		
				拡　張	後　退	全循環
第 1 循環		1951年 6 月	1951年10月		4 ヵ月	
第 2 循環	1951年10月	1954年 1 月	1954年11月	27ヵ月	10ヵ月	37ヵ月
第 3 循環	1954年11月	1957年 6 月	1958年 6 月	31ヵ月	12ヵ月	43ヵ月
第 4 循環	1958年 6 月	1961年12月	1962年10月	42ヵ月	10ヵ月	52ヵ月
第 5 循環	1962年10月	1964年10月	1965年10月	24ヵ月	12ヵ月	36ヵ月
第 6 循環	1965年10月	1970年 7 月	1971年12月	57ヵ月	17ヵ月	74ヵ月
第 7 循環	1971年12月	1973年11月	1975年 3 月	23ヵ月	16ヵ月	39ヵ月
第 8 循環	1975年 3 月	1977年 1 月	1977年10月	22ヵ月	9 ヵ月	31ヵ月
第 9 循環	1977年10月	1980年 2 月	1983年 2 月	28ヵ月	36ヵ月	64ヵ月
第10循環	1983年 2 月	1985年 6 月	1986年11月	28ヵ月	17ヵ月	45ヵ月
第11循環	1986年11月	1991年 2 月	1993年10月	51ヵ月	32ヵ月	83ヵ月
第12循環	1993年10月	1997年 5 月	1999年 1 月	43ヵ月	20ヵ月	63ヵ月
第13循環	1999年 1 月	2000年11月	2002年 1 月	22ヵ月	14ヵ月	36ヵ月
第14循環	2002年 1 月	2008年 2 月	2009年 3 月	73ヵ月	13ヵ月	86ヵ月
第15循環	2009年 3 月	2012年 3 月	2012年11月	36ヵ月	8 ヵ月	44ヵ月
第16循環	2012年11月	2018年10月 （暫定）	2020年 5 月 （暫定）	71ヵ月	19ヵ月	90ヵ月
第 2 ～第15 循環の平均				38.5ヵ月	16.1ヵ月	52.4ヵ月

（出所）内閣府経済社会総合研究所ホームページ（https://www.esri.cao.go.jp/，2021年12月10日閲覧）より
　　　筆者作成.

定であるが約 6 年間にわたり，それぞれ景気の拡張期が長く続いていたので
あった．
　景気を表すもう 1 つの経済指標は，日本銀行が作成する短観（全国企業短期経
済観測調査）である．短観は景気動向指数と異なり，全国の約 1 万社の企業に
対して 3 ヵ月毎にアンケート調査を行うことにより作成している．調査項目は
景気動向のみならず，在庫水準や雇用人員，資金繰りや仕入価格等多岐にわ
たっており，アンケート調査という性質から，回答者の心理である「企業マイ

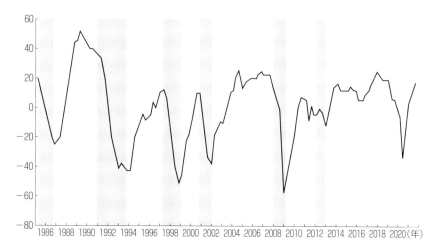

図3‑5　業況判断 DI（大企業・製造業）の推移

（出所）日本銀行ホームページ（https://www.boj.or.jp/, 2021年12月10日閲覧）.

ンド」を反映していると考えられており「景気は気から」という言葉があるように，景気の状況を判断する経済指標として重視されている.

　日銀短観において景気を表す指標は「業況判断 DI」であり，中でも大企業製造業を対象としたデータが最も重視される[3]. DI は景気動向指数の DI と同じくディフュージョン・インデックスの略であり，企業経営者に景気が良いか悪いかを聞き「良い」と答えた企業の割合から「悪い」と答えた割合を引いた値で算出される. この DI の値がゼロ以上であれば，企業が景気に対して前向きに捉えている，と解釈している. **図3‑5**は1985年以降の業況判断 DI（大企業・製造業）の推移である. なお，灰色の部分は先の**図3‑4**と同様に景気基準日付で示された景気後退期を表している[4].

　図3‑5の業況判断 DI の推移は，**図3‑4**の景気動向指数の一致系列の推移とほぼ同様の動きをしており，灰色の景気後退期にグラフは下降し，白色の景気拡張期にはグラフは上昇している.

　このように景気の指標といっても，客観的な各統計データを統合して作成した景気動向指数（CI）と，主観的なアンケート調査の結果により作成した日銀

短観の業況判断 DI といった 2 つの異なった指標が代表的であり，その時系列動向は図 3 - 4 や図 3 - 5 に示されるかぎり，ほぼ同様の動きをしていることが理解できる．

　今回は最も代表的な景気指標として景気動向指数と日銀短観を取り上げたが，景気を含めた経済状況の判断に関しては，こうした指標を含めさまざまな経済データを複合的に見る眼を持つことが重要であり，常に複数の経済指標をチェックすることが必要である．

第（3）節　国民負担率と給付の関係

　第 2 章で述べられたように，近年の日本の財政は社会保障に関係する歳出が大きく伸びており，第 4 章や第 5 章で議論される高齢化や人口減少がより一層進行する今後の日本において，政府や公共部門の役割は大きくなることが予想される．それでは，一般の国民はどれほどの税負担を行っているのであろうか．この問題を表す指標として国民負担率という考え方がある．国民負担率とは，家計や企業の所得である国民所得に対して，所得税や消費税，法人税等の税金（租税負担率）と年金や健康保険などの社会保険料（社会保障負担率）の合計額が占める割合であり，国民の所得のうち，どのくらいを税や社会保険に使っているのかを計算したものである．国民の負担は税の負担に限らず社会保険料も負担しているため，租税負担率以上にこうした国民負担率の定義が用いられる．

　表 3 - 4 は1970年度以降の日本の国民負担率および租税負担率（税金）と社会保障負担率（社会保険料）それぞれを 5 年ごとに表している．表によると2020年度の国民負担率は46.1％であり，1970年の24.3％と比較すると，過去50年で国民負担率は 2 倍近くに増加していることから，税と社会保険料の国民負担が大きくなっており，とくに，租税負担率の伸びよりも社会保障負担率が大きく増加していることが特徴として挙げられる．潜在的な国民負担率とは国民負担に財政赤字を加えた指標であり，巨額の財政赤字の影響もあり2020年度は66.5％

表3-4 国民負担率（対国民所得比）の推移

(%)

年　度	国民負担率	租税負担率	社会保障負担率	財政赤字	潜在的な国民負担率
1970	24.3	18.9	5.4	0.5	24.9
1975	25.7	18.3	7.5	7.5	33.3
1980	30.5	21.7	8.8	8.2	38.7
1985	33.9	24.0	10.0	5.1	39.0
1990	38.4	27.7	10.6	0.1	38.5
1995	35.7	23.3	12.4	9.1	44.8
2000	35.6	22.6	13.0	9.5	45.1
2005	36.2	22.4	13.8	5.6	41.8
2010	37.2	21.4	15.8	10.9	48.1
2015	42.3	25.2	17.1	6.1	48.4
2020	46.1	26.3	19.9	20.3	66.5

（注）2015年度までは実績であり2020年度は実績見込みである.
（出所）財務省ホームページ（https://www.mof.go.jp/, 2021年12月10日閲覧）より筆者作成.

という高い値となっている.

　表3-5は日本だけでなく，OECD加盟国より主要20ヵ国の国民負担率を表したものである. 最も負担率の高い国はルクセンブルグで100.8%であり, 最も低い国はメキシコの21.3%である. 表3-4より近年の日本の国民負担率は大きく増加しているが, この表3-5によるとOECD主要国の中では相対的に低い水準にあるといえる. 北欧諸国は福祉国家とも呼ばれ, 国民負担率は比較的高いといわれるが, 北欧諸国をはじめヨーロッパ諸国は総じて高い値となっている. 反対にアメリカは31.8%と非常に低い値である.

　図3-6はOECD諸国の国民負担率と一般政府の社会保障支出（対GDP比）の関係, すなわち給付と負担の関係をプロットした図であり, 横軸には国民の負担を表す国民負担率を, 縦軸には国民への給付を表す社会保障支出の対GDP比率が示されている. 図のプロットからは右上がりの関係が存在し灰色で表示されている. この灰色のエリアは, 高い社会保障支出には高い国民負担率が必要であり, 低い国民負担率の場合は社会保障支出も少ないという, 給付

表 3 - 5　国民負担率 (対国民所得比：2018年) の国際比較

(%)

日　本	44.3
ルクセンブルグ	100.8
フランス	68.3
ベルギー	64.1
デンマーク	63.0
ギリシャ	62.6
オーストリア	62.2
フィンランド	61.5
イタリア	59.3
スウェーデン	58.8
ハンガリー	57.5
ドイツ	54.9
イギリス	47.8
スペイン	47.4
カナダ	46.9
オーストラリア	41.1
韓　国	39.0
スイス	36.7
アメリカ	31.8
メキシコ	21.3

(注1) 日本は年度，その他の国は暦年データである.
(注2) OECD 加盟37ヵ国より主要20ヵ国のデータを抽出した.
(出所) 財務省ホームページ (https://www.mof.go.jp/, 2021年12月10日閲覧)
　　　　より筆者作成.

と負担の関係が表されている.

　図の右上のエリアは高福祉高負担の「大きな政府」といえ，左下のエリアは低福祉低負担の「小さな政府」といえる. 図によると1990年までの日本は，ほぼ灰色のエリア上に位置していたが，2015年の日本は1990年と比較すると上方に大きく移動している. これは社会保障支出の大きな伸びと比較して国民負担率がそれほど上昇していないためであり，給付である社会保障支出と負担であ

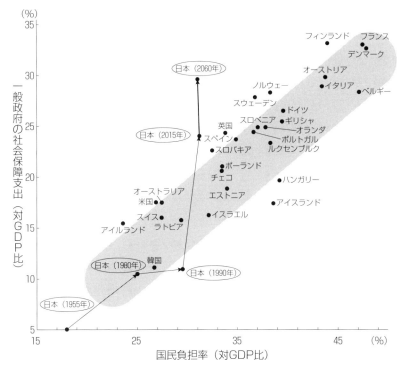

図 3‐6　給付と負担（社会保障支出と国民負担率）**の関係**

（注 1 ）数値は，一般政府（中央政府，地方政府，社会保障基金を合わせたもの）ベース.

（注 2 ）日本は，2015年まで実績，諸外国は2015年実績（アイスランド，ニュージーランド，オーストラリアについては2014年実績）.

（注 3 ）日本の2060年度は，財政制度等審議会「我が国の財政に関する長期推計（改訂版）」（2018年 4 月 6 日起草検討委員会提出資料）.

（出所）財務省ホームページ（https://www.mof.go.jp/, 2021年12月10日閲覧）.

る国民負担率のバランスが崩れてきている．2060年の値は推計値であるが，高齢化が進展するとともに社会保障支出は増加が予想されているものの，国民負担率はそれほど伸びないと予想されているため，給付と負担のアンバランスさが伺える．このため，給付と負担のバランスする灰色のエリアに移動するには，社会保障支出の伸びを抑制するか，国民負担の増加を受け入れることになる．

　こうした給付と負担をはじめとする政府の経済活動やその役割の範囲に関して，大きな政府と小さな政府という考え方がある．先に述べたように，**図 3‐**

6の左下のエリアは低福祉低負担であり，政府の役割を限定的（補完的）に捉える一方で，市場の役割や個人の選択を重視する考え方に立っている．反対に右上のエリアは高福祉高負担であり，政府の役割を重視する反面，市場の役割や個人の選択を限定的に捉える考え方である．前者を小さな政府，後者を大きな政府と呼んでいる．

　小さな政府とは，市場メカニズムの役割を重視し，自助や効率性，機会の平等，競争や自己責任といった考え方に基づいた経済活動を志向するため，民間部門の自由な経済活動を阻害する経済的規制に対しては規制緩和の立場である．このため，政府の役割を限定的に捉えることにより，税負担は小さく，その結果十分な公共サービスは期待できないため，いわゆる低福祉低負担の社会ということができる．しかし，政府や公共サービスの役割を一切放棄した考え方ではなく，市場メカニズムは重視するが万能であるとも考えていないため，最小限の公共サービス，すなわち政府の役割についても限定的ながらも必要と考えている．

　反対に大きな政府とは，市場メカニズムの問題点を重視し，公助や公平性，結果の平等や分配といった考え方に基づいた経済活動を志向する．市場メカニズムは効率性に優れたシステムであるが，この点を重視した社会では結果として，優勝劣敗・弱肉強食の世の中になり，人々の経済的格差が拡大する可能性がある．このため，政府は弱者保護や格差是正，福祉を重視し，経済的規制の強化を含めた政策により積極的に経済活動に関与すべきという立場になる．しかし，その政策のコスト負担（＝財源）は税（および社会保険料）となるため，税負担は相対的に大きく，いわゆる高福祉高負担の社会と呼ばれている．納税者にとっては，税負担は大きいながらも，公共サービスは充実しているため，安心して暮らせる社会が想定されているが，経済活動の非効率性や財政赤字といったデメリットも指摘できる．

　日本は，表3‐4の国民負担率の推移や図3‐6の給付と負担のバランスの推移より，過去と比べて大きな政府になっている．しかし，表3‐5の国民負担

率の国際比較をみると，日本は相対的に小さな政府と考えられる．また，こうした国民負担率や社会保障支出のような数値で測ることのできる基準だけでなく，あらゆる分野における経済的規制の存在に代表されるように，日本での公共部門の経済活動に対する権限は非常に大きいとされるため，この意味においては大きな政府であると考えられている．

　こうした問題は，どちらが正しくてどちらが誤っているという，二項対立の考え方に立脚するのではなく，時代による社会的な背景にも大きく影響を受けるため，どちらの考え方を重視した経済政策を実施することが望ましいのかを常に議論する必要がある．

第（4）節　経済政策の考え方

　第1節で述べたように，経済政策が目標とする価値観の1つは豊かさを表すGDPや経済成長率であるといえる．

　しかし，GDPの水準や経済成長率がいくら高くとも，その値は国の平均的な数値を表すにすぎず，もし，貧富の差が大きければ，その国の人々は幸福であるとはいえない．そこで，格差の是正や再分配政策も公共部門の役割として期待され，「平等」や「公平」という価値観は経済政策でも重視されている．とくに，個人の努力ではどうしようもない事柄，例えば，貧困な家庭に産まれてきた，親に虐待やネグレクトをされてきた，産まれながらに障害をもっていた，という問題に対しては，「自己責任」とはいえないため，子育て政策や教育政策の充実といった公共部門の積極的な役割が期待される．こうした視点は「機会の平等」（＝スタートの平等）といえ，分配や格差の是正を大きく追求した「結果の平等（＝ゴールの平等）」とは異なる概念である．

　当然ながら，格差是正や再分配政策に関しても，そのすべてを公共部門の責任の下に行うのではなく，民間部門の企業による「保険」の制度を用いて運営されている．例えば，病気や大きな怪我のための医療保険や，火災保険，自動

車保険などである．このため，基本的には，民間の保険で賄うのであるが，民間企業の保険で対処しきれない場合には，社会保険（年金・医療・介護など）や，税による政策が必要とされるため，公共部門の役割がある．

　社会保険は，給付と負担の関係が明確であるというメリットがあるが，実質上強制的に徴収することは不可能であるため，国民年金に代表されるように保険料未納の問題が生じる可能性がある．税であれば，納税者の意思とは全く関係なく，国や自治体が強制的に徴税を行うため，未納やフリーライダー（ただ乗り）の問題を回避できるが，給付と負担の関係が不明確であり，社会保障支出のためという目的で徴収したとしても，他の項目に支出される可能性がある．

　年金を例とすれば，老後の生活のために，個人の選択により貯蓄や民間の生命保険会社の年金を利用する．または，家族が老後の支援を行う．しかし，核家族化が進行することによる単身者・生涯未婚者の増加や，個人の選択により貯蓄や民間の年金商品を利用しない可能性もある．このため，個人の選択に任せず，強制的に税や社会保険の仕組みを用いて公的年金制度が運営されている．日本では1961年の国民皆年金の達成以降，制度の充実が図られているが，厚生年金に加入せず，国民年金のみ加入の場合の１ヵ月あたりの支給金額は，夫婦ならば二人で約13万円であるが，単身者（世帯）の場合は一人６万5000円であり，公的年金のみで老後の生活を支えることは事実上厳しい状況である．

　格差を是正することや国民の平等性を担保することは経済政策の役割として期待されているが，その格差に関しても，「所得格差」と「資産格差」という少し異なった概念がある．すなわち，経済的弱者や経済的に豊かな人とは，フローである所得や収入を基準に考えるのか，ストックである資産を基準にして考えるのかという考え方の違いである．例えば，高齢者の所得は年金のみであるため，国民年金のみであれば１ヵ月の所得は６万5000円ほどであり経済的弱者といえるだろう．しかしこの高齢者が３億円や10億円の金融資産（貯蓄など）を保有していたとしても，経済的弱者として政府の再分配政策で給付すべき対象といえるだろうか．この点は具体的な経済政策を考えるうえで大変難しい

テーマである.

　こうした所得と資産の問題をどのように捉えるかについては，第2章でも議論された税の種類と負担能力の考え方がある．所得のある人が負担する所得税や，資産を持った人が負担する資産課税があり，税体系全体のバランスに基づいて運営されている.

　また，再分配政策の具体的な方法として，現金給付と現物給付がある．例えば，子どもに対する政策でいうならば，現金給付は児童手当のような政策であり，現物給付は，保育所を整備したり，教科書や給食費を無償にするといった政策である．現金給付の特徴は，給付された現金を，本人がどのような財・サービスに支出するのかを自由に選択することができるのに対して，[6]現物給付ではその選択をすることができない．そのため，人々の考えやニーズは多様であるにもかかわらず，公共部門が決定した方法で一律に給付されることになる．このため最近では，「バウチャー」を用いた政策も提言されている．バウチャーとは，引換券や割引券という意味があり，国や自治体などが使途を限定し，個人を対象に補助金として支給する商品券のようなものである．教育や医療・福祉など公共部門がその使途について大きな枠組みでは制約をかけているが，その中からどのような財・サービスに支出するのかは個人が選択できるというメリットがある.

　経済政策の目標と手段に関する理論としては，ティンバーゲンの定理と呼ばれる考え方がある．ティンバーゲンの定理とは，n個の独立した政策目標を達成するためには，n個の独立した政策手段が必要，というものである．例えば，規制緩和という政策により経済活動が促進されるメリットがあるが，反対に格差を拡大させる可能性も指摘できる．このような，経済活性化と格差是正という2つの目標に対しては，それぞれ2つの政策手段を用いるべきであるという考え方である.[7]

　先に示した**図3-1**のグラフより，現在および今後の日本では高度経済成長期のような高い成長率を実現することは困難であるといえる．こうした経済環

境の中，政府は何％の成長率を目指せばよいのであろうか．また，3−5％と
いった比較的高い目標設定を掲げたほうがよいのであろうか．数値目標を設定
することは重要であり，政策評価の観点からは，実現値との比較をすることは
重要であるが，果たして，その数値目標は合理的な基準に基づいて設定されて
いるのかを検証する必要がある．

　また，政策対応やその政策効果の検証に関しては，短期と長期という視点が
重要である．例えば，短期的な景気の変動（不況対策）に対しては財政金融政
策といったマクロ経済政策での対応が中心になり，長期に関しては，経済成長
率を高めるために民間部門（とくに企業）の積極的な活動を阻害する要因を取り
除くような規制緩和等の政策が期待される．そして，経済政策の効果を検証す
るにあたっては，短期的な問題解決を目標としているのか，それとも中長期の
課題の解決を目標としているのかを峻別することが必要である．短期的な政策
課題およびその課題を解決するための政策とは，現在の不況や失業といった景
気動向にも係わる問題であり，経済政策を健康問題に例えれば，発熱を下げる
薬や痛み止めの薬であるといえ，その経済政策を発動してから効果が表れるま
での時間は短期間である必要（すぐに効く薬）な問題である．他方，長期的な目
標とその政策課題とは，先の健康の例でいえば，体質改善やダイエットといっ
た，短期間ですぐに効果が表れる問題ではなく，食事や栄養のバランスを改善
したり，運動不足を解決するような取り組みを行うことであり，中長期といっ
た比較的長い時間をかけることによってその課題を解決するテーマである．経
済政策に置き換えれば，産業構造の変化や，税制や社会保障改革，少子化や人
口問題といった，構造改革と呼ばれる問題であり，そうした問題を解決するた
めに発動した政策の評価や検証には，当然のことながら時間を要すため，すぐ
に結論を導くことは困難である．

　自由な社会とは，個人や企業の行動は基本的には政府に制約されず，各自の
好みに応じて行動することができる社会である．そして，経済的自由とは，各
経済主体（プレーヤー）がそれぞれ，自らの意思により選択ができるということ

である．このように自由かつ選択ができるということは最大限尊重される必要
があるが，その結果に対しても責任を負うため，自己責任ということばとは表
裏一体である．一方，公共部門との関係では，例えば，覚醒剤や銃の取引など，
各自の自由な行動に任せていては問題になるケースがあり，こうした場合には，
政府が規制をかけることによって，各自の自由な行動が制限される場合もあり
うる．

　また，その制限の方法に関しても，先に挙げた覚醒剤や銃のように，取引自
体を禁止こともあれば，酒やタバコやギャンブルのように，年齢制限を設定し
一部を禁止したり，許可制を採用して供給者を制限したり，税を課すことに
よって価格を上昇させ需要を抑制させる，といった政策も実施されている．た
だその場合，政府はどのような基準によって禁止したり税を課したりするので
あろうか．また税についても，どの程度の税率が望ましいと考えるのであろう
か．人々の自己責任に基づいた自由な行動（酒やタバコによって健康を害すること）
をどこまで政府が制限できるのかという点は，それぞれの社会の価値基準に依
存する．また，その基準は時代とともに変化すると考えられる．

　公共部門の役割の大きさについては，先に述べた社会保障給付を中心とした
財政支出や国民負担の規模に関する議論だけでなく，経済的規制の強化や規制
緩和に関する議論も続いている．経済的規制が強化されている場合は，民間の
自由な経済活動が制限されるため大きな政府，規制緩和の推進は民間活力を重
視した経済システムであるため小さな政府と考える．このように考えると
① 経済的規制も財政支出も小さな政府，② 経済的規制は小さいが財政支出は
大きな政府，③ 経済的規制は大きいが財政支出は小さな政府，④ 経済的規制
も財政支出も大きな政府，の4つに分けることができる．①はアメリカ，②は
北欧諸国が代表的であり，③は**表3-4**や**図3-6**より2000年代初頭までの日本
である．

　今後の日本は，こうした4つのどの組み合わせに立脚した経済政策を行って
いくべきであろうか．人口減少社会を前提とすると，経済効率性を重視し経済

的規制は小さな政府にならざるを得ない．その上で，少子高齢化を見据えて所得再分配や結果の平等を重視した大きな政府か，機会の平等を担保した上で個人の自由な選択に任せた小さな政府か，すなわち，①か②の選択を行うことであり，これは図3‐6で示された2060年の日本のプロットされる位置を考えることにも繋がるため，こうした背景や考え方に基づく議論は常に行われることが重要である．

　また，日本経済が高い成長率のもと発展している時代であれば，公共部門はその果実や利益をいかに分配するかを重視して政策を行っていたが，低成長下で，しかも人口が減少している今日の日本では，公共部門の役割は，負担（コスト）を国民にいかに分配するかに役割が大きく変化してきている．日本の経済構造が大きく変化している現代において，改めて公共部門のあり方や役割を考える必要があるだろう．

注
1）　客観的な数値で表すことが難しい環境（空気がきれい・自然が多い）や地域コミュニティの充実，等も考えられる．
2）　DIも景気の波及度を把握するための重要な指標であるため，引き続き参考指標として作成・公表されている．
3）　ここでの大企業の定義は資本金10億円以上である．
4）　図3‐4と図3‐5の横軸は同様の期間であるが，縦軸の目盛りは異なっている．景気動向指数は100を基準としているが，日銀短観は0を基準としている．
5）　近年では「ふるさと納税」のように納税額の一部ではあるが，納税者が自身の意思により納税先を選択できる制度もある．
6）　個人の選択に任せた結果，酒やギャンブルといったものに使われることが問題点として指摘されている．このような例は，「モラル・ハザード」の一例である．
7）　経済学では別の考え方として，外部性という概念も存在する．

第 4 章

高齢社会と公的年金

第1節　公的年金の役割

　人々にとって，将来あるいは老後にはさまざまなリスクが存在する．自分自身が想定していた期間よりも長生きしたため貯蓄が足りなくなったり，インフレーションによって貯蓄の価値が減少したりすることもある．また老後の生活援助や介護をあてにしていた家族が，病気や死亡などで頼りにできなくなる可能性もある．このように，一個人がリタイアした後に，長生きすることで経済的な負担が増加するというリスクを，集団でプールし分散させることによって確実な所得を保障するのが年金制度であり，こうした年金制度の中心に位置づけられるのが，国やそれを代行する公的機関によって運営されている公的年金制度である．

　公的年金制度は，① 老齢になった場合に支給される老齢年金，② 病気やけがで障害を有することになった場合に支給される障害年金，③ 年金受給者や被保険者（加入者）が死亡した場合に支給される遺族年金，の3つの年金から構成されている．

　日本の公的年金制度は，1942年に労働者年金保険法が制定されたことにより始まった[1]．1954年には厚生年金保険法が全面改正され，給付に関する定額部分と報酬比例部分という制度や修正積立方式が採用された．定額部分とは年金額が保険の加入期間に基づいて計算される部分であり，報酬比例部分とは保険加入期間中の報酬および加入期間に基づいて計算される部分である．

　その後1961年に国民年金制度が施行され，国民皆年金が達成されて以降も制度の充実が図られている．1973年には物価スライド制が採用された．1985年には全国民共通の基礎年金制度が導入され，第3号被保険者制度の創設や5人未満の法人事業所に対する厚生年金の適用が拡大された．1989年には完全自動物価スライド制の導入や学生の国民年金制度への強制加入，国民年金基金制度の創設が実施され，1994年には老齢厚生年金の定額部分の支給開始年齢が段階的

に60歳から65歳まで引上げられた．2000年には老齢厚生年金の報酬比例部分の支給開始年齢を60歳から65歳まで引上げ，70歳未満までの厚生年金の適用を拡大するなどといった制度の改正が実施されている．

　2020年3月末の公的年金加入者数（被保険者数）は6762万人，実受給権者数4040万人，公的年金給付費総額は55.6兆円といった規模である．

　2019年の「国民生活基礎調査」（厚生労働省）によると，高齢者（65歳以上の人）世帯にとって公的年金は，世帯所得（平均312.6万円）の63.6％を占めており，高齢者世帯の48.4％は年金収入のみで生活を賄っているのが現状である．このように，老齢年金をはじめとする公的年金は，高齢期の所得保障の主要な柱として国民生活に欠くことのできないとても重要な役割を担っている．

　しかし近年，公的年金制度を取り巻く環境は予想を大きく上回る速さで急激に変化してきている．少子化・高齢化の進展速度が非常に大きく，現状のままでは公的年金制度が破綻してしまうのではないかと危惧されており，本格的な少子高齢社会の到来に対応して，抜本的な改革を進める時期にきていると数年来叫びつづけられている．そのため，基礎年金国庫負担割合の2分の1への引き上げ，マクロ経済スライドの導入，離婚時の厚生年金の分割，など，さまざまな改革が実施されているが，国民の老後や将来に対する不安感には根強いものが残っており，持続可能で安定した公的年金制度を今後とも維持していくためには，更なる検討と対応が求められている．以下本章では，老齢年金を中心とした公的年金制度に関する議論を行う．

　年金には公的年金と私的年金の2つがある．公的年金の代表的なものは国民年金や厚生年金であり，私的年金の典型は民間の生命保険会社等による個人年金保険である．運営主体以外で公的年金と私的年金を区別する基準としては，公的年金は公共目的で強制加入，賦課方式中心で所得再分配機能を持っていることであり，一方で私的年金は，私的目的で任意加入，積立方式中心で所得再分配機能はない，とされている．

　今日の日本社会において，人々の最も大きな不安要因は所得の喪失と考える

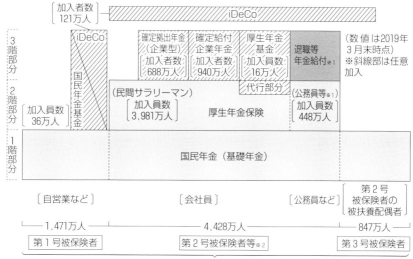

図 4 - 1　年金制度の仕組み

（注１）被用者年金制度の一元化に伴い，平成27年10月１日から公務員および私学教職員も厚生年金に加入．また，共済年金の職域加算部分は廃止され，新たに退職等年金給付が創設．ただし，平成27年９月30日までの共済年金に加入していた期間分については，平成27年10月以降においても，加入期間に応じた職域加算部分を支給．

（注２）第２号被保険者等とは，厚生年金被保険者のことをいう（第２号被保険者のほか，65歳以上で老齢，または，退職を支給事由とする年金給付の受給権を有する者を含む）．

（出所）厚生労働省ホームページ（https://www.mhlw.go.jp/, 2021年12月10日閲覧）．

ことができる．このため，老齢・障害・死亡という事故に備えてあらかじめ保険料を納め，これらの事故が発生した場合にそれぞれ保険給付としての年金を支給するという「社会保険方式」によって公的年金制度は運営されている．年金の支給に要する費用は，基礎年金に対する２分の１の国庫負担[6]のほかには，保険料とその積立金の運用収入によって賄われている．

　年金が目的とする老齢・障害・死亡という３つのリスクのうち，今日最も関心を集めているものは，老齢になった場合の生活保障である老齢年金であり，日本社会の高齢化ともあいまって，数年来にわたって大きな問題となっている．

　日本の年金制度の体系を図示したものが**図 4 - 1**であり，なかでも，被保険者についてまとめたものが**図 4 - 2**である．日本の年金制度は，**図 4 - 1**のよう

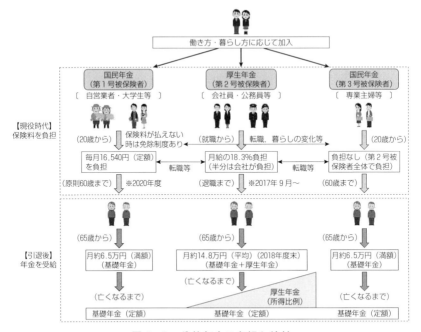

図4-2　公的年金の負担と給付

（出所）厚生労働省ホームページ（https://www.mhlw.go.jp/，2021年12月10日閲覧）を一部加工して筆者
　　　作成.

に1・2階部分の公的年金と，3階部分の企業年金・個人年金を合わせた3階

建ての体系になっている.

　「国民年金」は20歳以上60歳未満のすべての国民が加入しており「基礎年金」

とも呼ばれている．民間企業の会社員や公務員等は1階部分の国民年金に加え

て2階部分の厚生年金保険にも加入し，基礎年金の上乗せとして報酬比例年金

の給付を受ける．3階部分の企業年金・個人年金は，企業や個人が厚生年金に

上乗せ給付を行うための制度である．企業が従業員の加入期間や給与水準など

に応じて予め給付額を設定する制度である厚生年金基金や確定給付企業年金，

従業員の勤続年数や給与水準などに応じて予め掛金額を設定する制度である確

定拠出年金（企業型），個人が拠出した掛金を自身で運用する制度である個人型

確定拠出年金[7]，といったさまざまな制度が存在している.

　図 4 - 1 や図 4 - 2 より，1 階部分の国民年金（基礎年金）にはそれぞれの職業等に応じて第 1 号から第 3 号まで被保険者が区別されており，保険料や上乗せの加入制度が異なっている．

　第 1 号被保険者とは，自営業者や農業者・学生・無職の人等20歳以上60歳未満で，第 2 号・第 3 号被保険者に該当しない人のことである．このグループの人たちの保険料は月額 1 万6540円（2020年度）であり，20歳から60歳になるまでの全期間（40年間）保険料を納めると，65歳から満額の老齢基礎年金78万1700円（月額約6.5万円：2020年度満額）が支給される．保険料の納付済み期間がそれより短ければ減額され，保険料を納めた期間と免除された期間の通算期間が原則10年間（2017年 8 月以降：それ以前は25年間）以上あることが必要である．

　第 2 号被保険者とは，民間の会社員や公務員等給与所得者であり，厚生年金保険に加入している．第 2 号被保険者は，毎月定率（2017年 9 月から18.3％）の保険料を会社側と労使折半で負担しており，保険料は退職まで毎月の給与から天引きされる．このため，原則として未納の問題は存在しない．

　第 3 号被保険者とは第 2 号被保険者に扶養されている配偶者（原則として年収130万円未満）であり，いわゆる専業主婦である．このグループの人たちは保険料負担を要しないにもかかわらず，65歳以降に第 1 号被保険者と同様の年金を受給するのが現状であり，年金制度改革でも議論の対象となっている．

　こうした制度のもとに運営されている日本の公的年金であるが，制度に対する不信感が高まっている．図 4 - 3 は，1961年以降の国民年金の保険料納付率の推移を示したものである．納付率とは，国民年金の保険料について，納付すべき月数に対する実際に納付された月数（累計）の割合のことであり，納付率の低下は，国民年金の未納者増加という年金制度の根幹に関る問題としてここ数年大きな議論になっている．図 4 - 3 によると，1970年代には95％を超えていた納付率は，1980年代半ばに急激に落ち込み，1997年には80％を割り込んだ．その後，年金未納問題に代表されるように公的年金制度への不信感が高まり，制度の抜本改革が大きな議論となっていた2000年代には60％前後の値へと大き

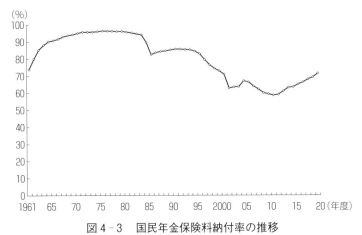

図 4 - 3　国民年金保険料納付率の推移

(出所) 厚生労働省ホームページ (https://www.mhlw.go.jp/, 2021年12月10日閲覧).

く低下した．その後近年は若干上昇し[9)]，2020年度は71.5％である．

第 2 節　高齢化の進展

　この節では日本における高齢化の進展についてみてみよう．一般的に高齢化を測る指標としては「高齢化率」というものがある．これは総人口に占める高齢者人口（＝65歳以上の人口）の割合のことである．また高齢者人口のうち，65-74歳人口を「前期高齢者」，75歳以上の人を「後期高齢者」と呼んでいる．2020年の日本の総人口に占める前期高齢者の割合は13.9％，後期高齢者の割合は14.9％であり，高齢化率は28.8％である．

　図 4 - 4 は日本の高齢化率や世代別人口の推移および将来の推計値である．高齢化率は 7 ％を超えると，文字通り高齢化しつつある社会ということで「高齢化社会」と呼ばれている．1950年には4.9％であった日本の高齢化率は，1970年に7.1％と 7 ％を超え高齢化社会へ突入した．そして高齢化率が14％を超えると「高齢社会」と呼ばれ，日本は1994年にこの値を超えている．さらに

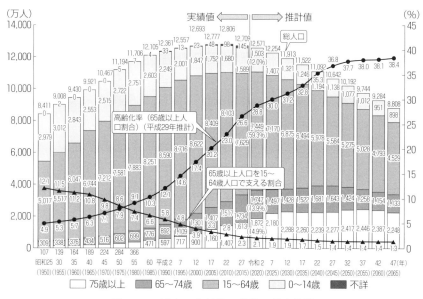

図 4‐4　日本の高齢化の推移と将来推計

(注 1) 2020年以降の年齢階級別人口は，総務省統計局「平成27年国勢調査　年齢・国籍不詳をあん分した人口
（参考表）」による年齢不詳をあん分した人口に基づいて算出されていることから，年齢不詳は存在しない．
なお，1950年～2015年の高齢化率の算出には分母から年齢不詳を除いている．ただし，1950年及び1955年
において割合を算出する際には，（注 2 ）における沖縄県の一部の人口を不詳には含めないものとする．

(注 2) 沖縄県の昭和25年70歳以上の外国人136人（男55人，女81人）および昭和30年70歳以上23,328人（男
8,090人，女15,238人）は65～74歳，75歳以上の人口から除き，不詳に含めている．

(注 3) 将来人口推計とは，基準時点までに得られた人口学的データにもとづき，それまでの傾向，趨勢を将来
に向けて投影するものである．基準時点以降の構造的な変化等により，推計以降に得られる実績や新たな
将来推計との間には乖離が生じ得るものであり，将来推計人口はこのような実績等を踏まえて定期的に見
直すこととしている．

(注 4) 四捨五入の関係で，足し合わせても100%にならない場合がある．

(資料) 棒グラフと実線の高齢化率については，2015年までは総務省「国勢調査」，2020年は総務省「人口推計」
（令和 2 年10月 1 日現在（平成27年国勢調査を基準とする推計）），2025年以降は国立社会保障・人口問題
研究所「日本の将来推計人口（平成29年推計）」の出生中位・死亡中位仮定による推計結果．

(出所) 内閣府［2021］『高齢社会白書（令和 3 年版）』日経印刷，4 ページ．

高齢化率が21％を超えると「超高齢社会」と呼ばれ，日本は2007年に到達して
いる．その後2020年の日本の高齢化率は28.8％という水準であり，より一層上
昇している．この高齢化率より，現在の日本では 4 人に 1 人以上が高齢者（65
歳以上）であり，6.7人に 1 人が後期高齢者（75歳以上）という本格的な超高齢社
会となっている．図 4 ‐ 4 によると今後も高齢化率は上昇が予想され，2040年

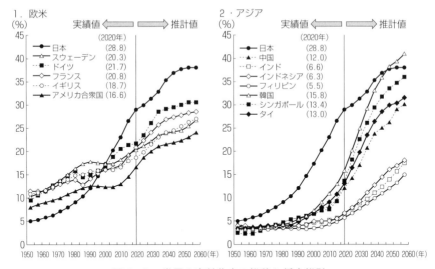

図 4 - 5　世界の高齢化率の推移と将来推計

（資料）UN, World Population Prospects : The 2019 Revision
　　　ただし日本は，2015年までは総務省「国勢調査」，2020年は総務省「人口推計」（令和 2 年10月 1 日現在
　　　（平成27年国政調査を基準とする推計））2025年以降は国立社会保障・人口問題研究所「日本の将来推計人
　　　口（平成29年推計）」の出生中位・死亡中位仮定による推計結果による.
（出所）内閣府［2021］『高齢社会白書（令和 3 年版）』日経印刷，7 ページ.

　に35.3%，2065年には38.4％とより一層の高齢化率が推計されている.

　　図 4 - 5 は日本を含めた欧米およびアジア諸国の高齢化率の推移と2060年ま
での将来推計値である．図によると，2000年代以降の日本の高齢化率は，欧
米・アジア諸国と比べて突出して高い水準であり，世界のどの国も経験したこ
とのない高齢社会になると予測されている．しかし，他の諸国の高齢化率も今
後さらに上昇することが見込まれており，2060年には40％超の韓国を筆頭に，
シンガポール，ドイツ，タイ，中国，といった諸国が高齢化率30％を超えると
推計されている.

　　日本の高齢化率は1995年に先進諸国の平均を上回り，2000年以降は世界で最
も高い水準となっている．また高齢化の速度を国際比較すると，高齢化率が 7
％からその倍の14％に達するまでの所要年数，すなわち高齢化社会から高齢社

会への年数をみると，日本はたった24年であり，ドイツの40年，イギリスの46年，アメリカの72年，スウェーデンの85年，フランスの115年と比較すると，国際的にも急速な速度で高齢化が進行しているのである．

　戦後日本の死亡数は，保健医療水準の向上と栄養状態の改善による生後１歳未満の死亡率である乳児死亡率の低下などの影響もあり，1947年の114万人から1955年の69万人まで大きく減少した後，1980年頃まで約70万人とほぼ横ばいであった．しかし，1980年以降死亡数は徐々に増加し2020年は約138万人である．このような現象については，年齢階級別のデータでみてみると，75歳以上の死亡数が増加していることが原因として考えられ，５-74歳の死亡数には大きな変化は確認できないのである．

　こうした死亡数の推移は平均寿命の伸びに大きな影響をもたらした．図４-６によると日本の平均寿命は1950年の男性58.0歳，女性61.5歳から，2019年には男性81.41歳，女性87.45歳へと大幅な伸びをみせている．日本の平均寿命は，戦後直後はアメリカやフランスなどの先進国より短かったが，こうした平均寿命の大きな伸びにより1985年以降は最も高齢化の進んだ国の１つとなっている．一般に死亡率の改善は，乳幼児死亡率の改善にはじまり，次第に中高年死亡率の改善へと変化していくといわれているが，日本でも同様の傾向をたどっている．

　平均寿命の伸びに対して年齢別の死亡率の改善がどの程度影響を及ぼしているのかをみると，1965年前後までは主として15-39歳および０歳の死亡率改善効果が大きく寄与していた．その後は65歳以上の死亡率改善効果が大きく寄与するようになり，近年においては，平均寿命の伸びの８割程度が65歳以上の死亡率改善効果によるものとなっている．図４-６によると，平均寿命の将来推計では今後も平均寿命は上昇すると推計されており，2040年に男性は83.27歳，女性は89.63歳へ，そして2065年には男性が84.95歳，女性91.35歳にまで達すると推計されている．

　ところで，平均寿命と似たような言葉として平均余命というものがある．平

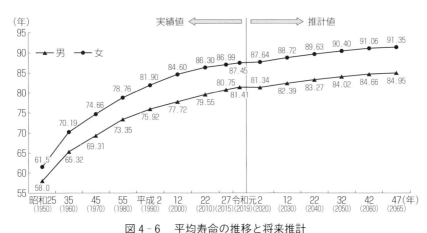

図4-6　平均寿命の推移と将来推計

（注）1970年以前は沖縄県を除く値である．0歳の平均余命が「平均寿命」である．
（資料）1950年は厚生労働省「簡易生命表」，1960年から2015年までは厚生労働省「完全生命表」，2019年は厚生労働省「簡易生命表」，2020年以降は，国立社会保障・人口問題研究所「日本の将来推計人口（平成29年推計）」の出生中位・死亡中位仮定による推計結果．
（出所）内閣府［2021］『高齢社会白書（令和3年版）』日経印刷，6ページ．

均余命とは，ある年齢の人がその後何年生きられるのかと期待される平均年数のことであり，平均寿命とは0歳時の平均余命を意味している．年金の問題を考えるときには平均寿命よりも平均余命の指標が重要とされている．1947年の65歳時の平均余命は男性10.16年，女性12.22年であった．しかし，2000年には男性17.54年，女性22.42年，2019年には男性19.83年，女性24.63年となり，男女とも高齢期が長くなってきている[10]．

　そこで，今後の65歳以上人口の推移を表す高齢化率の将来推計を確認してみよう．国立社会保障・人口問題研究所「日本の将来推計人口（平成29年推計）」によると，日本の高齢化率は，2036年に33.3％と3人に1人が高齢者となり，2065年には38.4％まで上昇することが推計されている[11]．このような推計結果からも，日本社会の高齢化は今後もより一層進展していくことが予測されているのである．

第⟨3⟩節　人口構成の変化

　こうして日本の少子化と高齢化の進展をみてきたが，社会全体として今後どのような人口構成が推計されているのだろうか.

　表 4 - 1 は，年齢を 0 -14歳までの年少人口，15-64歳までの生産年齢人口，65歳以上の老年人口に 3 区分し，世界全域および日本を含む主要国でその割合を表したものである．生産年齢人口とは，租税を納めたり，社会保険料を負担しており，現役世代とも呼ばれている．生産年齢人口と老年人口の関係は，後に詳しく述べる賦課方式の年金制度の持続可能性において，最も重要なポイントになってくる.

　表 4 - 1 によると，世界全域の年少人口の割合は25.4％であり，日本は12.0％と主要国の中でも最も低い割合である．日本以外でも，シンガポール12.3％，韓国12.5％，イタリア13.0％，ドイツ14.0％と，合計特殊出生率が低い国は年少人口の割合も低くなっている．なお合計特殊出生率とは，ある年次における15歳から49歳までの女性の年齢別出生率を合計したものであり，簡単にいうと 1 人の女性が生涯に産む子どもの数のことである．こうした定義やその推移については第 5 章で詳しく述べられている．一方で，日本の65歳以上の老年人口の割合（高齢化率）は28.8％と最も高く，日本が世界で最も少子化および高齢化が進展していることが理解できる[12].

　図 4 - 7 は，1965年，1980年，2000年，2020年，2040年，2065年，それぞれの年における男女別の人口ピラミッドである[13]．この図から，これまで述べてきたように日本社会の少子化・高齢化の進展と，今後予想される人口構成の変化を確認することができる.

　つぎに，わが国の年齢 3 区分別人口の割合が将来どのように推移するかをみてみよう.

　図 4 - 8 は，先に説明を行った高齢化率（老年人口）に加え，表 4 - 1 でも述

表 4 - 1　諸外国における年齢（3 区分）別人口の割合

国　名	年齢（3 区分）別割合（%）		
	0〜14歳	15〜64歳	65歳以上
世　界	25.4	65.2	9.3
日　本	12.0	59.3	28.8
シンガポール	12.3	74.3	13.4
韓　国	12.5	71.7	15.8
イタリア	13.0	63.7	23.3
ドイツ	14.0	64.4	21.7
スペイン	14.4	65.6	20.0
ポーランド	15.2	66.0	18.7
カナダ	15.8	66.1	18.1
スウェーデン	17.6	62.0	20.3
フランス	17.7	61.6	20.8
イギリス	17.7	63.7	18.7
中　国	17.7	70.3	12.0
ロシア	18.4	66.1	15.5
アメリカ合衆国	18.4	65.0	16.6
アルゼンチン	24.4	64.2	11.4
インド	26.2	67.3	6.6
南アフリカ共和国	28.8	65.7	5.5

（注1）ただし，諸外国は2020年の数値，日本は総務省「人口推計」（2020年10月1日現在
　　　（平成27年国勢調査を基準とする推計値））による.
（注2）百分率は，小数点第2位を四捨五入して，小数点第1位までを表示した．このため，
　　　内訳の合計が100.0%にならない場合がある.
（出所）内閣府［2021］『少子化社会対策白書（令和3年版）』日経印刷，4ページ.

べた 0 -14歳までの年少人口と，15-64歳までの生産年齢人口の推移をそれぞれ
図示したものである．この図によると，年少人口は少子化の影響もあり低下傾
向で進行すると推計されているが，それ以上に生産年齢人口の低下が顕著であ
る.

　生産年齢人口の扶養負担の程度を表すための指標として「老年人口指数」と
いうものがある．これは，老年人口（高齢者数）を生産年齢人口で割った値で

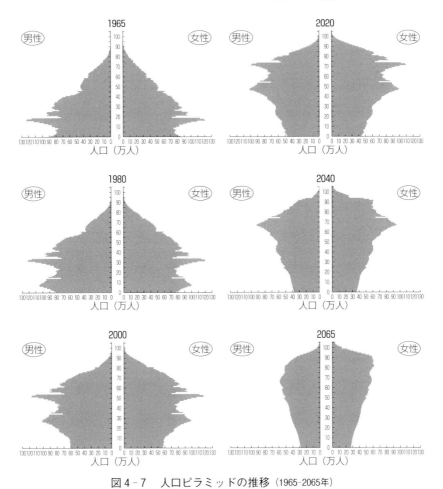

図4-7　人口ピラミッドの推移（1965-2065年）

（出所）国立社会保障・人口問題研究所ホームページ（http://www.ipss.go.jp/, 2021年12月10日閲覧）を一部加工して筆者作成.

あり，現役世代何人で高齢者を支えているかを示す指標となっている．1950年の老年人口指数は8.3であり，一人の高齢者を12.1人の現役世代で扶養する世の中であった．その後1970年は10.3[14]，1995年には20.9へ上昇し[15]，2020年の老年人口指数は48.9である[16]．今後の推計では，2023年には50を超えて上昇し，2065年には75にまで上昇すると推計されており，この数値は一人の高齢者を1.3人

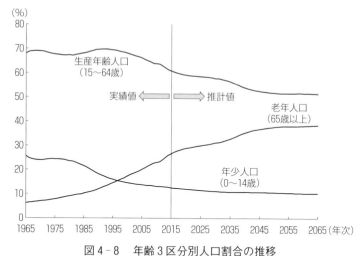

図4‑8　年齢3区分別人口割合の推移

（出所）国立社会保障・人口問題研究所［2017］「日本の将来推計人口（平成29年推計）」3ページ．

の現役世代が扶養する世の中であり，現役世代（生産年齢人口）の負担の度合い
は急増していくことになっている．

　また，高齢者だけでなく年少者を加えた人々を現役世代がどれほど支えてい
るのかを表す指標として「従属人口指数」というものがある．これは，老年人
口と年少人口の和を生産年齢人口で除した値であり，生産年齢人口に対する全
体の扶養負担の程度を表している．日本の従属人口指数は1955年までは60-70
という高い値であったが，1965年から50を割り込み，1990年には43.5と主要国
の中でも非常に低い，言い換えれば現役世代にとっては負担の少ない数値を記
録しており，こうした人口構造を持ち得ていた時代には高い経済成長を成し得
ていたのである．2015年の従属人口指数は64.5であるが，高齢化の一層の進行
が予想される将来では，2037年には80を超え，2065年には94.5にまで達すると
推計されている．[17]

　こうした高齢化の進展は，先の図4‑5でも確認したように，日本だけでな
く欧米諸国やアジア諸国でもみられる現象である．世界の総人口に占める65歳

以上の割合（高齢化率）は，1950年の5.1％から2020年の9.3％に上昇し，2060年には17.8％にまで上昇すると推計されている[18].

第⟨4⟩節　公的年金の持続可能性

　日本の公的年金制度は，高齢という要件を満たした高齢者に一定額の年金を給付し，まだ高齢に至らない現役世代の勤労者に対して社会保険料を課すことによって運営を行っている．公的年金は高齢者世帯所得の半分以上を占め，高齢期の所得保障の主要な柱として，国民生活に欠くことのできない重要な役割を担っている．

　それでは，なぜ民間の生命保険会社等によって運営されている私的年金だけではなく，公的年金というものが必要とされているのかという問題について考えてみよう．公的年金の存在理由としては，いくつかの点を挙げることができる．

　まず1つめに，所得再分配機能の側面があることである．これは年金制度が世代内または世代間での所得を再分配するために必要である，という考え方に基づいている．世代内の再分配とは積立方式の年金制度の特徴でもあり，早く死んだ人の年金負担額が，長く生きた人の年金の給付に回されるという考え方である．これは生存期間が不確実であり，また人々がリスクを好まないのであれば正当化される．しかし，世代内の再分配は私的な年金制度であっても年金である以上当然持っている特徴であり，あえて公的年金に特有のメリットではない．私的年金にはなく公的年金に特有の再分配機能は，賦課方式の年金制度が持っている世代間の再分配機能である．こちらは，年金が世代間の助け合いという趣旨からすれば望ましい性質であるが，どの程度の助け合いが望ましいのか，また，賦課方式の年金制度で望ましい助け合いの程度が本当に実現できるのかは別の問題として残されており，高齢化の進展と大きく関係のある問題である．

　つぎに，人々が短期的な行動をとる傾向があるという理由からである．これは，個人の最適化行動がともすれば近視眼的なものであり，人生の後で考えると最適とはいえない場合が多いため，政府がある程度強制的に，老後のための準備を制度として行うというものである．人々は一度しか人生を経験できず，老後の準備という選択についてはやり直しが効かない．このようにやり直しが効かない選択において，選択を間違えたことの代償をその個人に負わせることがないように，強制的に政府が年金を徴収し，その制度を運営しているのである．取り返しのつかない事態を避けるために政府が介入することを，価値財の公的な供給と呼んでいるが，この点は，個人の主権をどの程度尊重すべきであるかという価値判断にもかかわる微妙な問題でもある．しかし，若いときに貯蓄をしないで老後にほとんど資産のない人を政府がそのまま見過ごすわけにはいかず，結果として生活保護などなんらかの公的援助をしなければならなくなってしまう．そうすると，それを見越して，ますます私的な貯蓄をしない人が増えてしまう可能性もあり，これはモラル・ハザードと呼ばれる現象である．こうした状況は，真面目に老後のために貯蓄をした人が損をすることにもなりかねないため，最低水準の貯蓄を公的に整備することは，それなりの理由があると考えられている．

　さらに，私的年金の失敗が挙げられる．これは逆選択とインフレ対策の両面から考えることができる．逆選択とは，年金保険への加入を個人の意志に任せた場合，老後への備えが十分でない人々のみが年金に加入することになり，民間の保険会社では運営ができなくなってしまうという現象である．もう1つはインフレーション対策である．すなわち私的に貯蓄をしても，予期せぬインフレによって資産が目減りしてしまえば老後の備えとしては不十分になってしまう．公的年金の場合には，インフレ・スライド制が採用されれば，インフレになっても給付額が調整されるため安心であるという考え方である．

　最後に，国レベルの運営による強制加入の効率性を挙げることができる．これは，公的年金で国民全体をカバーすれば，スケールメリット（規模の経済性）

が働き，より効率的な運営が可能であるという考え方である．

　以上のような考えに基づいて，年金制度が公的に運営されているのである．

　社会保険の財源を調達する方式のことを財政方式という．一般的に，収支を均衡させることが財政運営の原則であるが，年金制度の場合には毎年度収支を均衡させるわけではなく，将来にわたる収支がバランスするように財政計画を立てている．この収支バランスのとり方によってさまざまな財政方式があるが，年金制度においては「積立方式」と「賦課方式」とに大きく別けることができる．

　積立方式とは，「世代内」での助け合いの方式とも呼ばれている．この方式は将来支給される年金の原資を加入期間中に保険料などで積み立てて運用し，拠出者が受給するときに利子をつけて返還してもらうのである．この方式が厳格に実施されるならば，高齢者が受け取る年金額は，その者が若年期に拠出した保険料とそれを運用して得た金利との合計額ということになり，他の世代に依存することはない．この方式の考え方は，一人一人では何年生きるかわからないけれども，同じ世代の人がたくさん集まれば平均的に何歳まで生きるかを安定的に予想することができ，そして同一世代の中の短命に終わった人が長生きした人を助けるということ，すなわち世代内での助け合いを意味している．しかしながら，金利変動の影響を受けやすく，予想以上のインフレに弱いという問題点も残っている．

　賦課方式とは，「世代間」での助け合いの方式だと呼ばれるように，高齢者の年金の給付額分を若い現役世代の保険料の拠出で賄っている方式のことである．この方式は，先に受給者への支払金額が決まっており，その金額を減額することは現実的に困難であるため，現役世代の保険料負担を増やさざるを得ないが，前節で考察したように現役世代の人口割合も減少してきているため，今日ではとくにこの賦課方式が大きな問題となっている．この方式では，金利変動や経済変動の影響は受けにくいが，人口構成の変化に大きな影響を受ける．保険料負担に関しては，賃金上昇率と人口増加率の和が利子率よりも高い場合

は積立方式の方が高くなり，反対に利子率の方が高い場合は賦課方式の方が高くなる．わが国の公的年金制度は基本的にこの中間であるといえる．発足時には積立方式の運営が想定されていたが，積立金が年金給付に比べて小さく，当年度の保険料のほとんどを当年度の年金給付に充てているために実質的に賦課方式となっており，修正積立方式と呼ばれている．

　さらに，現在日本の公的年金制度は基本的に社会保険方式で運営されている．社会保険方式とは，老齢・障害・死亡という事故に備えてあらかじめ保険料を拠出し，事故が起きたときに保険料を財源として年金給付を受ける．つまり一定期間の保険料拠出を受給要件として，かつ保険料を主要財源として給付を行う方式である．一方で，このような保険の仕組みを用いず一般財源を用いて，すなわち租税によって年金を支給する方式も考えることができる．こうした方式による財源調達のあり方を，税方式または社会扶助方式と呼んでいる．

　社会保険方式は，国や公的な団体が保険者となり，被保険者である国民は強制加入となる．この方式では負担と給付の関係が明確であるため，保険料拠出について合意を得やすいというメリットがある．また，基本的に保険料を納めなければ年金を受給することができず，納めた保険料の金額が多く，納めた期間が長ければ，支給される金額も多くなるのである．しかし，無年金者や低額年金者が発生するという問題があり，現在の日本では，基礎年金における給付額の2分の1は国庫負担，すなわち税金が投入されている．

　他方税方式では国民年金の未加入者や未納者をなくすことができるため，数年来問題となっている国民年金の空洞化（2020年度の保険料納付率は71.5％である）を回避することができ，また，サラリーマン家庭の専業主婦は保険料負担をせずに年金受給ができることに批判が大きい第3号被保険者問題や，障害者等の無年金・低年金問題等にも対処できる．このように，対象者全員に一律平等な年金が支給されるという利点があるが，一方でさまざまな問題点も指摘されている．まずは，高齢化の進展に伴って増大する給付費の増加に対して，税率引き上げ等の国民負担増大に関する合意を得られるのか，という点である．また，

国の財政事情等による影響を受けやすく長期的な安定性に欠ける，給付と負担の関係が失われ必要以上に給付が増加する，などの問題が指摘されている．

　先にも述べたように，日本の公的年金制度は実質的に賦課方式で運営されており，公的年金の原資は基本的に現役世代の保険料で賄われている．しかし，少子高齢化がより一層進展すると予想される今後においては，現状の制度を抜本的に改革しなければ公的年金制度は破綻するのではないかと危惧されている．

　少子高齢化に代表される人口構造の変化にも対応できる年金制度は積立方式であり，積立方式へ制度を移行すれば先に挙げた問題は解決される．しかし，移行期間の年金給付の財源をどのように確保するのかという大きな問題が残されている．移行期間の現役世代は，高齢世代の面倒をみながら，自分自身の将来のための積立をもする必要があり，二重の負担の問題が生じてくるのである．

　また，賦課方式中心の制度を維持したとするならば，現役世代が負担可能な水準に高齢世代の給付水準を合わせるということも考えられる．しかし，この考え方では現在の高齢世代の給付額が大幅に減少するのは確実であり，減少幅を小さくするためには，莫大な財政支出の必要性が出てくるのである．

　そのため，現行の年金制度を1階部分の国民年金（基礎年金）と2階部分（厚生年金）の2つに分割し，国民年金部分に関しては，公的年金の役割である老後における最低限度の所得保障という主旨から国が運営し，最低限度以上の給付を必要とする人々は，2階部分の制度を民営化した上で個人レベルで制度利用の選択を行う，といった考え方もある．この考え方は，今後の少子高齢化の進行に対してもある程度対応ができ，加入者間の不公平感の是正という問題も解決される．また，基礎年金部分を一種の公共財とみなすならば，その財源には，現行の社会保険料による方式ではなく，租税を用いた方式も考えられる．税の選択に関しても，所得再分配機能（累進課税）を重視した直接税を充てる考え方と，資源配分機能に中立的な間接税（例：消費税）を充てる考え方がある．

　このように，現行の公的年金制度に対する問題点や，さまざまな改革への方向性は議論の途中にあるのが現状である．しかし，公的年金制度の問題につい

ては，若い世代を中心に制度の維持可能性に疑問をもたれており，世代間の公平性に対する懸念や不安が強くなっている．そのため，持続可能な公的年金制度を構築するには，負担能力のある者は年齢にかかわらず，その能力に応じ公平に負担を分かち合う，といった視点からの検討が必要になってくる．

そして，将来に向けてある程度負担の増加は避けられないものの，できる限り負担増，とくに，現役世代の負担上昇を抑えるべく，支え手を増やす，高齢者も能力に応じ負担を分かち合う，給付の見直しと効率化，という方策の実施によって，国民全体が将来に対して安心できる公的年金制度を構築することが必要であり，今後の抜本的な改革が望まれているのである．

注
1）　その後1944年に厚生年金保険法に改称された．
2）　公的年金の受給者総数は，延人数では7590万人であるが，この値は厚生年金保険（第1号）と基礎年金（同一の年金種別）を併給している者の重複分が含まれており，その分を控除した受給者数は4950万人である．実受給権者数とは，基礎年金番号を活用して把握した重複のない公的年金の受給権者数を表している．
3）　うち老齢年金が43.7兆円と年金総額の約8割を占めている．
4）　稼働所得は23％，財産所得は6.5％である．
5）　マクロ経済スライドとは，年金加入者の減少や平均余命の伸びといった経済状況の変化により，年金財政の均衡を保つことができないと見込まれる場合に，年金支給額の伸びを物価や賃金の伸びよりも抑えるという調整をすることである．
6）　国庫負担とは税金を活用することであり，2009年4月より国庫負担割合が3分の1から2分の1へ引き上げられた．
7）　個人型確定拠出年金はiDeCo（イデコ）とも呼ばれ，2002年より実施されている．これまでの公的年金や確定給付企業年金は，国や企業等の責任で資金運用を行っていたが，確定拠出年金は自身の責任のもと運用する年金制度である．加入は任意であるが，企業型確定拠出年金に加入していると企業型年金規約でiDeCoに同時加入できる旨を定めている場合のみiDeCoに加入できる．
8）　納付率（％）は，納付月数／納付対象月数×100で定義される．納付対象月数とは，当該年度分の保険料として納付すべき月数（法定免除月数，申請全額免除月数，学生納付特例月数，納付猶予月数および産前産後免除月数を含まない）であり，納付月数はそのうち当該年度中（翌年度4月末まで）に実際に納付された月数である．また，

　　2020年度末現在における法定免除者，申請全額免除者，学生納付特例者，納付猶予者
　　および産前産後免除者の割合は，それぞれ9.7％，16.5％，12.3％，4.1％，0.1％と
　　なっている．

9)　納付率上昇の原因としては，制度改正で厚生年金に加入できる短時間労働者が増え
　　たことや，まとめて支払うと保険料が割引される仕組みの導入，クレジットカードや
　　コンビニ払いなど納付方法の選択肢が増えたこと等が考えられる．

10)　ちなみに2019年の75歳時の平均余命は，男性12.41年，女性15.97年である．

11)　国民全体の2.6人に1人が高齢者である．

12)　年少人口と老年人口の割合が世界で最も高いということは，言い換えれば生産年齢
　　人口（いわゆる現役世代）の割合が世界で最も低いということである．

13)　2020年以降の図は推計値である．

14)　現役世代9.8人が1人の高齢者を支える．

15)　現役世代4.8人で1人の高齢者を支える．

16)　現役世代2.1人で1人の高齢者を支える．

17)　国立社会保障・人口問題研究所［2017］『日本の将来推計人口（平成29年推計）』，5
　　ページ．

18)　内閣府［2021］『高齢社会白書（令和3年版）』日経印刷，7ページ．

第 5 章

少子高齢化と人口

第 1 節　日本の人口と経済

　本章では，人口という点から日本経済を理解する．かつて日本の人口増加は，労働力の増加として高度経済成長を支えた．しかし，日本の人口は2010年に1億2806万人でピークを迎え，以降は減少の一途を辿っている[1]．人口の減少は労働力不足を招き，日本の経済成長の足かせとなっている．しかし，各国の豊かさを国民1人あたりの所得で比べると，上位を占めるスイス，ノルウェー，ルクセンブルクはいずれも総人口が1000万人を下回る小国であり，人口が少ないこと自体が経済的な貧しさと同義ではないことは明らかだ．日本が現在直面している課題は，人口の少ないことではなく，急激な人口の減少にある．急激な人口減少は日本にどんな影響をもたらすのか．労働力の減少以外にどのような悪影響があるのか，良い影響はないのかを解説する．また，日本全体としてみれば人口の減少は免れないが，地域別にみるとその様相は大きく異なる．全体のパイが小さくなるなかで，国内の人口はどのように移動するのかについてもみていこう．最後に，少子化の原因を探るとともに，その対策を検討する．大規模な海外への流出がないのであれば，日本の長期的な人口減少は少子化によって引き起こされるため，人口問題は少子化問題であると換言できる．少子化の要因としては，経済的要因のみならず，政治的要因，文化・慣習などの社会的要因などが考えられる．

　まず，日本の人口の現状を振り返ろう．前章の図4-8は日本の年齢（3区分）別人口の推移である．図では総人口が，年少人口（15歳未満），生産年齢人口（15歳以上65歳未満），老年人口（65歳以上）に区分されている．このうち生産年齢人口は，その名の通り，国内の生産活動の中心となる人口であり，社会保障を支えていることは前章で確認したとおりである．生産年齢人口が総人口に占める割合は2000年頃までは68％程度で安定していたが，その後，急速な生産年齢人口の減少と老年人口の増加が同時に進行したことで，2020年時点で59.3

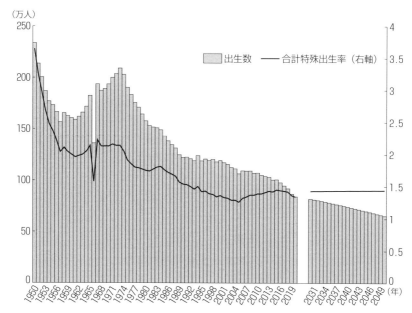

図5-1　日本の出生数および合計特殊出生率の推移

(注) 2030年以降は推計値（出生中位，死亡中位）.
(出所) 総務省「人口動態統計」，国立社会保障・人口問題研究所「日本の将来推計人口（平成29年推計）」
　　より筆者作成.

％にまで低下した．生産年齢人口に対して，年少人口と老年人口を合わせたものを従属人口と呼ぶ．こちらは扶養されることが多く，全人口に占める従属人口の割合である従属人口指数が小さいほど社会保障は財政的に安定するが，1990年代の約30％から2020年には40.7％と10ポイント程度増加した．ただし，この増加は老年人口の急増によるものであり，近い未来に生産年齢人口となる年少人口は減少し続けていることがわかる．

　日本の総人口の減少は（外国との流出入を除けば）死亡数が出生数を上回ることによる．平時，長期的には死亡数は現在の人口および人口の年齢構成によりほぼ規定されるため，人口減少への対策として考えられるのは主として出生数の増加策である．人口に占める出生数の割合を出生率と呼ぶが，最もよく用いられるのは年齢構成の違いを考慮して算出する合計特殊出生率である．これは算

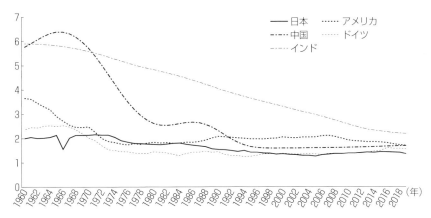

図5‐2　主要国の合計特殊出生率の推移

（出所）United Nations Population Division.

出方法がやや煩雑なため詳細は省略するが，直感的には平均的な女性が一生の間に産む子どもの数と考えてよい．図5‐1は，日本の出生数と合計特殊出生率およびそれぞれの将来推計値の推移である．なお，出生数と死亡数が釣り合い，人口の増減がない状態となる出生率のことを人口置換水準と呼び，これを下回ると長期的には人口が減少することになる．なお，置換水準は2.07程度であるとされる．第2次世界大戦直後は世界的に出生率が高く，第1次ベビーブームと呼ばれる．日本においても合計特殊出生率は4を超えていたが，急速に低下し，一時的ではあるが1957年には早くも置換水準を下回った．以降は緩やかな減少を続け，2005年には過去最低の1.26を記録した．その後，1.4前後にまで回復したが，置換水準には程遠く，根本的な解決には至っていない．出生数についても，第2次ベビーブームであった1970年代前半には200万人を超えることもあったが，2016年には100万人を下回り，コロナ禍の影響もあり，2020年には約84万人にまで減少している．

　なお，20世紀後半以降の出生率の低下は日本だけではなく世界的な現象である．図5‐2は，日本を含む主要国の合計特殊出生率の推移である．総じてみると少子化は経済成長とともに進行しているようだ．先に経済成長を果たした

アメリカ，日本，ドイツを始めとする OECD 各国は少子化についても先行した．ヨーロッパ諸国は地域による違いはあるものの日本に比べると少子化の進行は緩やかである．アメリカでも少子化は進行しているが，出生率の高い移民の流入に支えられ，置換水準に近い出生率を維持しており，人口減少はさほど危惧されていない．一方，日本を含む東アジアにおいて，少子化は急激に進行している．なかでも韓国，シンガポール，台湾，香港の出生率は世界最低水準であり，少子化対策は東アジア共通の社会問題と言えそうだ．

第(2)節　少子高齢化の影響

前節でみたように，日本は少子高齢化の進行により，すでに人口減少時代へと突入している．では少子高齢化には具体的にどのような問題があるのだろうか．その最大の弊害は第4章で確認したとおり，公的年金を始めとした社会保障制度への影響であるが，それ以外にもさまざまな経路で，日本の経済のみならず社会の在り方にも多大な影響を与えうる．この節では，少子高齢化と人口減少が日本全体にもたらすメリットとデメリットについて幅広く検討する．

（1）少子高齢化・人口減少のメリット

現在進行している日本の少子高齢化・人口減少のメリットを説明する．ここでは人口減少を，人口の絶対数の減少と，土地面積あたりの人口である人口密度の減少という2つに分けて考えてみよう．

人口の絶対数が減少することのメリットとして，環境負荷の軽減がある．人口が減少すると国全体として経済活動自体も減少するため，消費する資源も減少し，地球温暖化物質の排出削減など環境への負荷も軽減するだろう．日本政府は2050年までに二酸化炭素の排出を実質的にゼロにするカーボンニュートラルを掲げて再生可能エネルギーの利用や省エネルギーなどに取り組んでいるが，人口の減少はそれを後押しする効果がある．また，来るべき食糧不足や水不足 [2]

に対しても，人口減少は需要そのものを減らしてくれる．

　続いて，人口密度の減少という側面からみてみよう．これは裏返せば，人口過密という問題の解消と言える．人口密度が高まると，住宅難，交通の混雑，資源の不足，自然災害への脆弱性，環境悪化，犯罪率の上昇など，大都市ならではのさまざまな問題が発生する．また，コロナ禍においては，感染症が広がりやすいという大都市の弱点も露わになった．ここでは一例として住宅問題を考えてみよう．人口密度の高い都市部では，住宅に対する需要が過大となり，地価が高騰する．結果，中心部の高い住宅費を避けることで長距離・長時間通勤が常態化している．日本全体をみても労働者のうち片道の通勤時間が1時間を超える人は12.9%であり，東京圏の埼玉，千葉，神奈川に至ってはいずれも3割弱にも及ぶ[3)]．また，1人あたりGDPという点からみると，人口の減少は1人あたり資本を増加させるというメリットがある．経済学では労働と資本を投入し財を生産すると考える．生産年齢人口が減少することで労働者1人あたりの資本が増加する．言い換えれば1人が使用できる生産設備が増えるということだ．これにより労働の生産性が向上することになる．つまり，今後の日本は国全体の経済力は小さくなるが，1人あたりの所得は増えるというものである．ただし，このロジックは農業や工業といった産業ではイメージしやすいが，現在の世界の経済を牽引するIT産業では必ずしも通用しない．

（2）少子高齢化・人口減少のデメリット

　対して少子高齢化・人口減少にはどのようなデメリットがあるのか．繰り返しになるが，最大の問題は社会保障制度の持続性を脅かすことである．特に実質的に賦課方式を採用している日本の年金制度は，急速な少子高齢化による人口バランスの変化から悪影響を受けてしまう．そのほかにも，少子高齢化と人口減少のそれぞれがもたらすデメリットが存在している．

　まず労働力の減少がある．総務省の「労働力調査」によれば，生産年齢人口は，総人口よりも10年以上早く1997年に8699万人でピークを迎え，その後は減

少を続けている．GDPは1人あたり産出額に人口を掛け合わせたものといえる．1人あたりの産出額が一定であれば，人口の減少はGDPの低下を招くことになる．戦後の日本のような人口成長期には，1人あたりの産出額が一定でも経済成長を実現できる「人口ボーナス」があったが，現在の日本は，生産性が一定でも経済が縮小してしまうという「人口オーナス（負の人口ボーナス）」という重石を背負っている．また，人口の減少と同時に従属人口比率が増加しており，消費者に比べて生産者が減少することは，財に対する供給不足を意味する．国内需要を国内生産量で賄えないのであれば，必然的に輸入に頼るしかない．

　また，労働力の減少は，生産の担い手だけでなく，租税を負担する人口の減少も意味する．第2章で確認したが，巨額の国債残高は日本の財政を圧迫している．政府の普通国債の残高は2020年度末時点で1000兆円を超え，地方を含めると1204兆円にも及ぶ[4]．国債は政府の借金であるが，自ら稼ぐ手段を持たない政府は，借金の返済を税などに頼るほかない．将来の返済額が増えるなか，人口が減少するのであれば，1人あたりの税負担が増えることになる．巨額の国債残高に加え，目に見えない負債も存在する．それは人口も経済も右肩上がりで増加していた時代に建設されたインフラだ．経済拡大期に日本全土に張り巡らされた道路や上下水道，空港，ダムなどのインフラは建設から相当な年数が経過し，維持管理に加えて補修や更新が必要となる．国土交通省による試算では30年間で最大で195兆円近いとされるが，これも今後の財政負担となる．

　視点を広げ世界を見渡せば，今後，日本の国際的な存在感は徐々に地盤沈下することになる可能性が高い．コンサルティングファームのPwCの予測によれば，2030年のGDPランキングにおいて日本は4位に留まるが，2050年までには人口が増加するインドネシア，ブラジルやメキシコなどに抜かれ，8位にまで転落するとされる[5]．日本が国際的な存在感・影響力を保っていた理由の1つは経済力である．人口の減少，経済の縮小とともに国際的な地位も下がりかねない．経済力の低下は，国際的な投資先としての魅力を減少させる．人口の

減少により日本は成長が期待できない市場であると判断されれば，海外からの資金を引き付けることも難しくなり，投資の減少はさらなる経済の縮小に繋がってしまう．

　続いては政策決定という視点から考察すると，少子高齢化は政策に歪みを生じさせる可能性があることに気付く．人口に占める高齢者の割合が大きくなると，政治家が自身の選挙の当落を考える上で高齢者からの支持をより重視することになる．いわゆる「シルバー民主主義」と呼ばれる政治が誕生する．結果，相対的に現役世代向けの政策は後回しとなるだろう．つまり子育て支援よりも，年金受給額の維持など，高齢者向けの政策が優先される．有権者の多い高齢者を優遇することが間違っていると断言することはできないが，結果として更なる少子化を促進することに繋がるだろう．子どもが少ないことは，子育て世帯を前提としない社会を築きかねない．

　ここまで少子高齢化と人口減少のデメリットを列挙してきたが，それらを通じて浮かび上がってくるのは，負のスパイラルである．少子高齢化による人口構成の歪みは子どもを育てにくい環境を作り，人口減少は財政悪化や市場規模の縮小により経済から活力を奪う．これらの帰結として，租税や社会保障負担の増加により若年層は経済的に追い込まれ，子どもを持つこと自体が難しくなる．たとえ子どもを持てたとしても十分な教育を与えられる余裕がある世帯はどれほどだろうか．負のスパイラルにより，より若い世代ほど人口減少の悪影響を直接受けることになる．この連鎖を断ち切るためには何が必要なのだろうか．労働の生産性の向上，移民の受け入れ，AIやロボットの活用などが考えられるが，そもそも誰もが安心して子どもを持つことができ，子育てしやすい環境や，仕事と子育ての両立を可能にする政策は十分に実施されていると言えるだろうか．

（3）人口動態における「慣性」と政府の役割

　この節では少子高齢化・人口減少の功罪について論じてきたが，そのデメ

リットの大きさから，人口減少を防ぐためにすぐにでも少子化対策が必要だと感じる人も多いだろう．もちろん日本にとって人口減少は喫緊の課題であるが，残念ながら人口減少を食い止めるのはあまりに難しい．以下では，その理由を説明する．

少子化問題が解消されにくい最大の理由は，人口動態には「慣性の法則」が働くということにある．物理学における慣性の法則とは，物体が動いている場合には外部から力が加わらない限り動き続けるというものであるが，これは人口についても同じことが言える．つまり人口が減少に向かって動きだすと自発的に増加に転じることはなく，人口減少の進行が継続してしまう．なぜなら現在のように出生数が少ない状況が続いていると，その子どもたちが子どもを持つことが可能な年齢（再生産年齢）になった時点で，子どもを産むことができる女性の数自体が少なくなる．ある世代に100人の人間がいると考えてみよう．そのうち半数の50人が女性であり，合計特殊出生率が1.4であるとすれば，70人の子どもが生まれることになる．そのうち半数が女性であれば次世代の女性の数は35人となる．出生率が1.4のままであれば，次の世代の女性はさらに減って24.5人となる．このように，低出生が続くと，そもそも子どもを産むことができる女性の数が減少していくため，ここから出生率が多少増加したとしても以前と同じような世代あたり100人の人口へと回復することはできない．そのため，人口の減少から増加へと転じるためには，出生率の驚異的な増加が必要であり，現実的とは言えない．

少子化対策が難しいもう1つの理由は，言うまでもなく出生の決定は個人の権利であり，政府によって強制されたり，子どもを持たないことで不利益を受けたりすることがあってはならないためである．そのため，政府の少子化対策も抑制的であるべきである．よって目指すべきは，人々に出産を迫るものではなく，出産を希望しているにも関わらず，何らかの妨げによりそれを実現できない人を支援する性質のものでなければならない．もし少子化が人々の理想を具現化したものであれば，政府の介入する余地はなくなる．

　意外にも少子化が日本の課題として認識されたのはそれほど古いことではない．戦後の日本の人口問題と言えば，むしろ，いかにして出生を抑制するかにあった．1974年の『人口白書』［人口問題審議会編 1974］では，エネルギーや食糧の需給という点から人口増加を抑制し，増減のない静止人口を理想としていたことが読み取れる．その後，予想を上回るペースで少子化が進行し，1990年の「1.57ショック[6]」が契機となり，少子化が「問題」であると認識されるようになり［内閣府 2010］，1994年に子育て支援を目標とするエンゼルプランが策定される．以降，矢継ぎ早に新たなプランが施行されるが，2005年に過去最低の合計特殊出生率1.26を記録するなど，現時点に至るまで根本的な解決には至っていない．1970年代前半に生まれ，人口の多い第2次ベビーブーム世代が多くの子どもを持ち，第3次ベビーブームを引き起こすのではないか，という淡い期待もあったがついに実現しなかった．

第 3 節　人口の移動と地域経済

　前節においては，少子化高齢化・人口減少が日本全体に与える影響を説明した．労働力不足や財政など，日本経済の成長の妨げになること，また政策による状況改善の余地が少ないことが明らかになった．ただし，地域によってその影響は大きく異なる．それを理解するためには人口動態の仕組みを知る必要がある．一定期間内の人口の変動である人口増減は，自然増減と社会増減に分解できる．自然増減は，出生数から死亡数を引いたものであり，日本全体としては，2007年以降，死亡数が出生数を上回る自然減が続いている[7]．一方，社会増減は，他地域からの転入から他地域への転出を引いたものであり，日本全体で考えると，海外からの流入から海外への流出を差し引いたものである．この自然増減と社会増減を合わせたものが人口増減となる．

　ではこの自然増減と社会増減，そしてその和である人口増減の地域間格差をみていこう．図 5 - 3 は2019年の都道府県別自然増減と合計特殊出生率である．

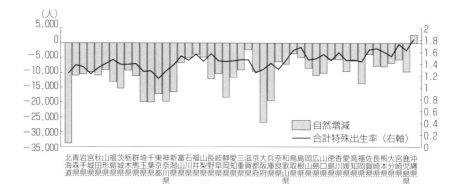

図5‐3　都道府県別自然増減と合計特殊出生率 (2019年)

（注）2018年10月〜2019年 9 月の増減数．日本人のみ．
（出所）厚生労働省「人口動態統計」．

　図からは沖縄県を例外として，すべての都道府県において出生数よりも死亡数が上回っていることがわかる．北海道や関東，関西において自然減が多いことがわかるが，これらの地域はいずれも人口自体が多いためである．都道府県人口で除した自然増減率で比較すると関東や関西はむしろ自然減の割合が少なく，東北や中国，四国地域では人口比で自然減が目立つ．これは地域により人口の年齢構成が大きくことなることに由来する．人口に占める自然減の割合が高い地域では高齢化率も高い．これは，高齢化率が高いことで死亡数が高くなり，また高齢化率が高いことは相対的に若年層が少ないことでもあるため，出生数が少なくなるためである．総じて，年齢構成でも若年層が多く出生率も高い沖縄県を除けば，若年層が比較的多い都市部ですら自然減であり，自然減は日本全国にほぼ共通した現象であることがわかる．では，沖縄県以外はすべて人口が減少しているかと言えばそうではない．上述の通り，人口増減は自然増減と社会増減の合計であり，社会増が自然減を上回る地域が存在するためだ．

　図5‐4は三大都市圏への転入超過数の推移を示している．戦後しばらくは三大都市圏への大規模な人口流入が続いていたが，1970年代以降，対照的な変化が現れた．波はあるものの東京圏への転入超過は続いており，図で示された

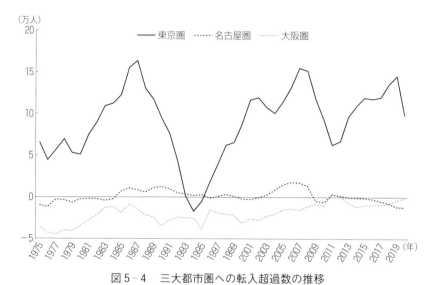

図 5 - 4　三大都市圏への転入超過数の推移

（注）日本人移動者のみ．それぞれの都市圏に含まれる都府県は次の通り．東京圏：東京都，神奈川県，埼玉
　　　県，千葉県．名古屋圏：愛知県，岐阜県，三重県．大阪圏：大阪府，兵庫県，京都府，奈良県．
（出所）総務省「住民基本台帳人口移動報告」．

期間の年平均は約 9 万人にもなる．一方，かつては地方から人口を吸収してい
た大阪圏と名古屋圏であるが，近年は転入と転出が拮抗している．もちろん三
大都市圏への転入超過は，それ以外の地域の転出超過であり，総じて地方から
は継続して人口が流出しつづけている．これらの結果，大都市圏への集中では
なく，東京圏への一極集中が徐々に進行している．東京都の人口が日本の総人
口に占める割合はほぼ10％前後で推移しているものの，周囲の県を含めた東京
圏が占める割合は1975年の24.2％から2019年の28.9％へとゆっくりと増加を続
けている．

　このような東京圏への一極集中の背景には，地方から東京圏への人口流出が
存在する．図 5 - 5 は2020年の都道府県別転入超過数であり，数値が正である
場合は転入超過を，負の場合は転出超過であることを示している．一目瞭然で
あるが，東京を始めとして一部の大都市が日本全国から人口を吸い上げている
様子がわかる．2020年は COVID-19 の感染者が多く発生したことで東京への

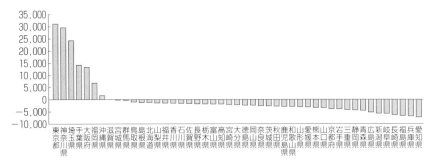

図5‐5　2020年の都道府県別転入超過数

（出所）総務省「住民基本台帳人口移動報告」より作成.

　転入超過が大きく減少した特異的な年であるが，それでも東京は多くの地域から人口を集めている．また，愛知県や兵庫県など三大都市圏の県からも人口が大きく流出していることがわかる．

　都道府県レベルから市区町村レベルへと視点を移そう．2018年に行われた推計に基づけば[8]，全国1790の市区町村の半数近い850の自治体において，2015年から2045年までに20-39歳の女性人口が50％以上減少する．70％以上減少する自治体も14.2％存在する．増加するのは0.3％の6自治体に過ぎず，日本全国ほぼすべての自治体で若年女性が減少することになる．この現象は小さな自治体に限った話ではない．女性が半減する自治体には，地域の中核的な市も含まれており，青森市や秋田市のように県庁所在地すら含んでいる．ここで若年女性に着目するのは，この年代の女性人口が次世代の出生数を予想する上で決定的に重要であるためである．わずか30年の間に約半数の自治体で若年女性の数が半減以下になることは衝撃的であり，それらの自治体が将来にわたって存続できない可能性がある．2節において人口減少のデメリットとしてインフラを維持するコストについて述べた．急激に住民が減少する自治体では同時に高齢化も進行するため，労働力人口は総人口を上回るペースで減少することが予想される．労働者が減ることで結果として自治体の税収も急激に減少することが予想され，財政上，以前と同水準のインフラ環境を維持することは難しいだろ

う．また，歳入減少と高齢者向けの歳出が増加することで，子育て支援はどう
しても手薄にならざるを得ない．結果，子育て世代の流出，そして更なる少子
化と，負のスパイラルに陥ってしまう可能性が高い．

　ではなぜ地方では若い女性が激減するのだろうか．そのヒントとしてU
ターン率をみてみよう．2016年に行われた調査によると，東京都以外すべての
道府県では，県外移動経験者に占めるUターン者の割合は，女性よりも男性
の方が高い．日本全体では男性が47.2％に対して女性は40.0％に留まっている．
筆者らが徳島県内の高校を卒業した女性を対象に2020年に行った調査では，高
校卒業後に48.9％が県外に転出し，その後にUターンするのはそのうち54.3
％に過ぎないことがわかった［水ノ上・牧田 2020］．なぜ地方で女性のUターン
率が低いのかについては，旧態依然とした男性中心の労働環境や，仕事と子育
てを両立させるロールモデルの少なさなど，女性にとって生きづらさが要因と
なっているという研究がある⁹⁾．行政と住民の移動については，経済学者のティ
ボーは「足による投票」という概念を提示した．住民は自身にとって望ましい
自治体へと移動することで，その自治体への賛意を表すというものだ．この考
えに基づけば，自身が生まれ育ち愛着を持つ地域からの転出は，その地域に対
する何らかの不満の表明になるかもしれない．兵庫県豊岡市は，女性の市外へ
の流出があまりに多い原因にジェンダーギャップがあるとして，その解消のた
めにジェンダーギャップ対策室を設けたことが話題になった¹⁰⁾．なお，流出する
のは女性だけに限らず男性も同様である．

　性別とは無関係に地方から東京圏を中心とした都市部に人口が流出する理由
についても少し述べておこう．人々は突然地方から流出するわけではなく，個
人のライフサイクルにおけるイベント時の流出が多い．具体的には進学，就職
(転職)，結婚などである．そのうち，就職については地域間の雇用環境の違い，
特に賃金格差が大きな要因の1つとなっている．厚生労働省「令和2年度賃金
構造基本統計調査」によれば，2020年の全国の平均賃金は30万1000円であるが，
都道府県別にみると，全国平均を上回るのは東京都の37万4000円を筆頭にわず

108

か5都府県に過ぎない．東京都と最も低い県との差は13万3000円にもなり，就職時に人々を都市部に引き付ける結果になっている．日本全体として人口，特に生産年齢人口が減少するなかでの人口流出は地方部にとっては深刻な課題であり，流出を引き留めようと地域間で人口の奪い合いがすでに始まっている．

第4節　少子化の原因

さて，日本の人口減少の主因である少子化はなぜ起きたのだろうか．出生率の低下は，経済的，社会的，文化的要因など幅広い事由により引き起こされる．また相対的には途上国に比べて先進国では出生率が低い傾向にある．ただし，先進国の中でも出生率が高く少子高齢化が深刻化していない国もある．また一時的な落ち込みを経験しても，適切な政策の実行により出生率を回復させたフランスの例もある．日本の少子化を国際的に比較した調査として，内閣府が2020年に日本を含む4ヵ国を対象とした調査を紹介する［内閣府 2021］．「自国が子供を生み育てやすい国だと思うか」という質問に対して「とてもそう思う」と答えたのは，スウェーデンの80.4％，ドイツの26.5％，フランスの25.5％に対して，日本ではわずか4.4％であった．「どちらかといえばそう思う」を含めた「そう思う」という回答は，日本を除く3ヵ国はそれぞれ97.1％，77.0％，82.0％であったが，日本は38.3％と半数に満たず，大きな差がある．「そう思う」という回答は，2010年に52.6％，2015年に46.6％と，近年大きく下がってきたことがわかる．なお，3ヵ国はいずれも日本に比べて出生率が高く，子育て環境や意識がその国の出生率に影響を与えている可能性は十分に考えられそうだ．では，なぜ日本は子どもを生み育てにくい国なのか．同調査では，希望する子どもの数まで増やすつもりがない人を対象に，子どもを増やしたくない理由を尋ねたところ，日本では「子育てや教育にお金がかかりすぎるから」という回答が最も多く（51.6％），他国と比べても飛び抜けている．日本では，児童手当や就学援助など政府による家族を支援する支出が経済規模に比べ

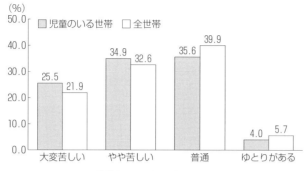

図 5‒6　世帯類型別生活意識の分布（2019年）

(注)「ゆとりがある」は,「ややゆとりがある」と「大変ゆとりがある」の計.
(出所) 厚生労働省「国民生活基礎調査」より筆者作成.

て低いことはしばしば指摘されている［内閣府 2021：7］. また,「子供・子育て支援を実施するための負担に関する考え」という設問には, 負担が増えても「やむを得ない」と考える割合は日本では58.4％と, 他国に比べ10ポイント以上低い. 出生や子育ては, 社会が支えるのではなく自身が責任を持つべきであるという姿勢が, 人々が子どもを持つことを困難にしているのかもしれない[11].

　上記調査からもわかるとおり, 日本の低い出生率の背景を考える上では経済的要因を無視することはできない. 子育てや教育にかかるコストの高さに加えて, 収入の伸び悩みや不安定化という経済的な制約が, 理想的な子ども数の実現を阻む要因となっている. 図 5‒6 は, 世帯類型別に生活意識の分布を示したものである. 全世帯の過半数（54.5％）が, 生活が「苦しい」(「大変苦しい」と「やや苦しい」の計) と答えており,「ゆとりがある」のは5.7％に過ぎない. ただし対象を児童のいる世帯に限定すると 6 割を超える世帯が「苦しい」と回答している.

　図 5‒7 は, 男女別に若年層の非正規雇用者割合の推移を示している. かつて派遣労働は13業種のみに認められていたが, 1996年の規制緩和により26業種にまで拡大し, さらに1999年には一部の例外を除いて全職種で可能になった. 図からも規制緩和を境に男性の非正規雇用が増加していることがわかる. 特に

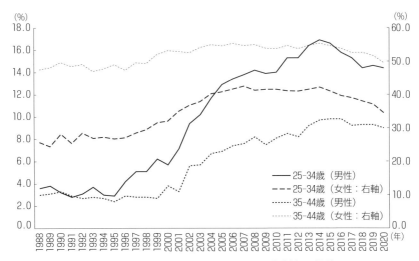

図5-7　男女別若年層の非正規雇用者割合の推移

（注）2001年までは「労働力調査特別調査」による各年2月時点での数値であり，2002年以降は「労働力調査（詳細調査）」による年間平均値.

（出所）総務省「労働力調査」，「労働力調査特別調査」より筆者作成.

25-34歳の男性では1994年に2.9％であった非正規雇用者割合が，2014年には16.9％へと急増している．非正規雇用は労働時間を調整しやすく異動も少ないというメリットもあるものの，雇用が不安定であり有期雇用であるため昇進を期待しにくい．また労働内容や条件が同じであれば雇用形態の違いによる差別的な賃金格差をしてはならないが，現実としては正社員に比べて賃金が低いことが多い．子育てには多大な費用が必要であるが，所得が伸び悩み，雇用が不安定であれば，希望するだけの子どもを持ちづらくなるのは必然的である．よって，日本の低出生は現在の環境における人々の合理的な選択の結果ともいえる．ただし，若年層の雇用が不安定であることは日本特有の現象ではない．先進国間で比較すると，むしろ日本の若年層の失業率は極めて低い．[12]ではなぜ日本を含む東アジアでは出生率が低いのか.

　その答えの1つとして，文化的要因に基づく働き方があるだろう．阿藤［2017］は，超少子化国の特徴である文化的要因として，「非核家族制の伝統を

もち，より家族主義的・集団主義的であり，性別役割分業に肯定的である」ことを指摘している．世界経済フォーラムは毎年，男女格差を測るジェンダーギャップ指数（GGI）を公表している．2021年の日本のGGIは156ヵ国中120位であり，近隣の韓国（同102位）や中国（同107位）とともに先進国の中では最低のグループに位置している［World Economic Forum 2021］．日本の特徴は「経済」および「政治」分野におけるジェンダーギャップの大きさである．性別役割分業が依然として解消されておらず，経済面では，管理職における女性の割合が14.7％に留まっていることや，女性の平均年収が男性に比べて43.7％も低いことなどが指摘されている．男性は正社員として長時間労働や転勤も厭わず働き，女性は結婚までは企業で補助的な業務に従事し，結婚・出産を機に退職し，家庭内で家事や育児に専念するという性別役割分業は，戦後の日本ではごく当たり前であった．しかし，本人の適正や希望とは無関係に性別によって役割が決まるシステムは，女性のみならず男性にとっても必ずしも望ましいものではないだろう．

　女性が家事・育児に専念するシステムには経済面でも弊害がある．マクロの視点からは，女性の就業率が下がることで労働力が限定される．労働力人口が減少し企業の人手不足が深刻な日本において，高い教育を受けた女性が意欲や能力ではなく性別により労働市場から退出させられることは差別であるだけでなく，経済的にも明らかな損失である．また，ミクロの視点では，世帯内で男性のみが稼得の役割を担うことは，共働き世帯に比べて世帯所得の面で不利であり，かつ怪我や疾病などにより男性が働けなくなった時の所得減少リスクも大きい．このような弊害にもかかわらず，日本では改善はみられるとはいえ，まだまだ根本的な解決までには至っていない．その象徴的な事例として保育園の待機児童問題がある．女性の就業率の向上により，保育園に対する需要は以前より高かったが，都市部を中心に保育園の需給の逼迫はなかなか解消されておらず，2021年時点で全国に5634人の待機児童がいる[13]．対照的に，専業主婦を前提とする幼稚園では，多くの園で児童数が定員数を大きく下回っている．女

性の社会進出が進むなか，男性は旧来の長時間勤務を続けるのであれば，女性が仕事に加えて1人で家事・育児の負担を背負うことになる．6歳未満の子どもを持つ夫婦の1日の家事・育児時間は女性の7時間34分に対して男性は1時間23分に留まっている[14]．男性の休日の家事・育児時間が長いほど第2子以降の出生割合が高いという調査もあり，日本の低出生の背景には，女性が家事・育児の重い負担を抱えたまま稼ぎ手としての役割も求められているという過重労働の現実が浮かび上がってくる．

　この章では，少子高齢化と人口減少という現象が日本の経済にもたらす影響を，メリットとデメリットに分け，さらに都市部と地方という目線でも解説した．そこから，この現象が日本にとって喫緊の課題であること，また同時に解決が極めて困難な課題であることも理解できたのではないだろうか．4節においてはこの問題の主因である少子化の原因について解説した．経済的要因，文化的要因，そして両性の働き方をめぐるジェンダーギャップの要因が複雑に絡み合った難問ではあるが，日本の縮小と経済的衰退という暗い未来予測から抜け出すためには政府が最優先で取り組み，そして努力を継続すべきであろう．

注
1）　総務省「人口推計」．
2）　環境省「2050年カーボンニュートラルの実現に向けて」（https://www.env.go.jp/earth/2050carbon_neutral.html，2021年11月30日閲覧）．
3）　総務省「平成30年住宅・土地統計調査」．
4）　財務省「国および地方の長期債務残高」，2020年度は政府見通しによる．
5）　PricewaterhouseCoopers［2017］，GDPは購買力平価ベースによる．
6）　合計特殊出生率が，「丙午」という特殊要因により戦後最低（当時）となった1966年を下回る1.57を記録した．
7）　厚生労働省「人口動態調査」．
8）　国立社会保障・人口問題研究所『日本の地域別将来推計人口（平成30年推計）』（https://www.mof.go.jp/policy/budget/fiscal_condition/basic_data/202104/sy202104g.pdf，2021年11月30日閲覧）．
9）　吉田［2018］，轡田［2017］など．

10)　NHK 政治マガジン「若い女性はなぜ消える〜ジェンダーギャップ解消を目指した兵庫県豊岡市〜」（https://www.nhk.or.jp/politics/articles/feature/61842.html, 2021年11月30日閲覧）.

11)　同調査では「欲しい子供の人数」についても尋ねているが，4 ヵ国の中では平均値が最も高い2.1人であり，日本の出生率が低い原因を，「そもそも子どもを持ちたいと思っていないから」であるとは言えないようだ.

12)　OECD. Stat（https://stats.oecd.org/, 2021年11月30日閲覧）.

13)　厚生労働省「保育所等関連状況取りまとめ（令和 3 年 4 月 1 日）および「子育て安心プラン」「新子育て安心プラン」集計結果」（https://www.mhlw.go.jp/stf/newpage_20600.html, 2021年11月30日閲覧）.

14)　総務省「平成28年社会生活基本調査」.

第6章

金融の役割と金融制度

第↓①↑節　金融取引とその機能

　金融とは経済社会において文字通り資金（またはお金）を融通することである．財やサービスの取引に売手と買手があるように，資金の取引すなわち金融取引にも，資金が余っている資金余剰主体と，資金が不足している資金不足主体があり，資金余剰主体から資金不足主体へ資金が融通される．資金余剰主体は「貸し手」，資金不足主体は「借り手」と呼ばれ，貸し手と借り手を結びつけるのが金融の主たる役割である．

　それでは，どのような経済主体が資金余剰や資金不足となっているのだろうか．資金の余剰や不足主体は時代とともに変化している．そこで経済主体を，家計（個人），企業（民間非金融法人企業），政府（中央＋地方），海外，の4つに分け，各経済主体の資金余剰・資金不足を対名目 GDP 比で示したものが図6-1である．

　この図では，値がプラス（0％以上）であればその経済主体が資金余剰であることを，そして逆に，マイナス（0％以下）であれば資金不足であることを示しており，各年度の4つの経済主体の値を合計すると0％になるように構成されている．図をみれば，まず家計部門が一貫して大幅な資金余剰（＝貯蓄超過）であることがわかる．1960年代の高度成長期から1980年代には，家計所得の上昇に伴い貯蓄率も高まっていたため資金余剰の程度は非常に大きな割合であった．しかし1990年代以降は，長期にわたる不況や高齢社会の到来などの影響もあり貯蓄率は低落傾向にある．このため資金余剰額の対 GDP 比は趨勢的には低下傾向にあり，2000年代に入り，概ねプラス3％程度の水準で安定的に推移している[1]．

　最大の資金不足（＝投資超過）主体は時期によって入れ替わっている．まず高度成長期は企業部門が最大の資金不足主体であった．この時期，企業は生産設備の拡張に追われ，慢性的な資金不足の状態にあった．そこで，金融機関は家

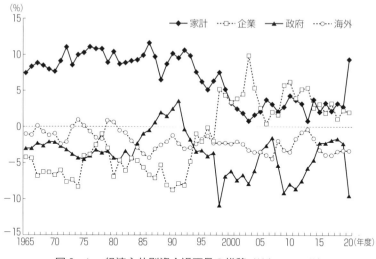

図6‐1　経済主体別資金過不足の推移（対名目 GDP 比）

（出所）日本銀行『資金循環統計』，内閣府『国民経済計算』．

計から貯蓄資金を集め，旺盛な資金需要を示す企業に融通した．このような資金の流れのうえに，民間投資主導型の高度経済成長が実現した．

　しかし，1973年の第1次オイルショックを契機とした不況に対処するために，政府は景気刺激型の経済政策を展開し財政支出を増加させた．それにもかかわらず税収入は減少し，その穴埋めとして大量の国債（赤字国債）が発行された．他方企業の側では，不況乗り切り策として減量経営を行い，過去に借りた高金利の借入金を返済したり，設備投資を抑制したりした．このような環境下で企業の資金需要は収縮し，1970年代後半には政府部門が最大の資金不足主体となった．

　そして1980年代半ば以降，景気回復の動きに歩調を合わせ，資金の循環構造にも変化がみられた．この時期の最大の資金不足主体は企業であり，企業は積極的に投資を拡大することによって，資金需要は大いに高まった．バブル経済ともいわれたこの時期の積極的な投資は，こうした好景気が今後も続くとの想定に基づくものであった．この時期の企業がいかに外部資金に頼って投資を実

行したかを読みとることができる.

　1990年代初頭以降のバブル経済が崩壊してからの時期は，バブル期の投資が生産能力の増加となって表れたために，企業は供給能力の過剰に悩み，急速に資金不足の割合を縮小させており，1998年以降はそれ以前の時代とは一転し，今日に至るまで資金余剰主体となっている.

　政府部門は，1980年代半ば以降資金不足幅を縮小し，1987年から1991年のバブル経済期には資金余剰の状態であった. これは，この時期が好況であったため税収も自然増収という形で増えたからである. その結果，単年度では赤字国債の発行に頼らなくてもよいという意味で，一応の財政再建が達成された. また資金余剰の一部は，過去に発行した国債の償還にもあてられた. しかし，バブル経済の崩壊と供給過剰による不況の発生で，その後の税収不足は深刻な状況となり，政府部門は1990年代半ば以降ほぼ一貫して最大の資金不足主体となっている.

　ちなみに海外部門は日本の経常収支黒字に対応し，ほぼ一貫して資金不足主体である.

　資金の余剰主体から不足主体へ資金を融通する方法には，① 株式市場などの証券市場を通じる直接金融と，② 銀行などの金融機関が仲介する間接金融の2通りがある. 図6-2はこの流れを表している.

　通常，借金をするときには借用証書のような請求権が発行される. この請求権（借用証書）は，貸し手にとっては金融資産，借り手にとっては金融債務となる. 経済学では，このような請求権を本源的証券と呼んでおり，本源的証券の例として，借用証書以外に手形や借入証書，株式，債券などがある.

　間接金融とは，資金余剰主体から資金不足主体へ，銀行に代表される金融機関を仲介して「間接的に」資金を融通することである. 具体的には，銀行などの金融機関は，資金不足主体の企業から本源的証券を購入し，同時に，資金余剰主体の家計に借用証書を発行することにより，資金を仲介している. 銀行などが発行する借用証書は，本源的証券に対して間接証券（この場合は銀行預金証

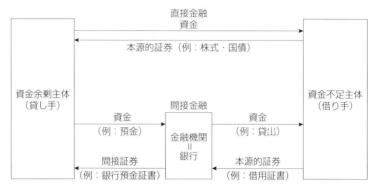

図6-2　直接金融と間接金融

（出所）筆者作成.

書）といわれる．間接証券は本源的証券と比較して，元金と利息が保証されて
おり，リスクが小さくより安全である．また少額の資金でも購入可能であり，
手元に現金が必要なときには容易に換金できる（＝流動性が高い）というメリッ
トがある．銀行などの金融機関が本源的証券を間接証券へ変換することで[2]，金
額の小口化や満期期間の短縮，リスクの低減，といったメリットをもたらして
いる．

　一方，直接金融とは資金余剰主体から資金不足主体へ「直接的に」資金を融
通することであり，企業などの資金不足主体が発行した本源的証券を，直接家
計などの資金余剰主体が保有することになる．具体的には，家計部門の個人が
企業や政府が発行する株式や社債・国債などを購入することである．これらの
証券の購入には，証券会社，あるいは銀行を通すことになるが，購入対象はあ
くまでも本源的証券であり，金融機関の発行する間接証券ではない．また本源
的証券は間接証券と異なり相対的にハイリスク・ハイリターンな金融資産であ
るといえる．

　最近では直接金融や間接金融のみならず，両方の中間的な位置づけとして，
市場型間接金融と呼ばれる資金仲介チャネルが注目されている．市場型間接金
融とは，金利や価格などは直接金融の市場で決められリスクも投資家が負うこ

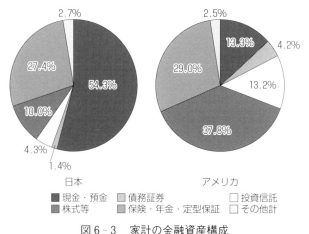

図 6 - 3　家計の金融資産構成

(注 1)「その他計」は，金融資産合計から，「現金・預金」，「債務証券」，「投資信託」，「株式等」，「保険・年金・定型保証」を控除した残差．
(注 2) 2021 年 3 月末現在．
(出所) 日本銀行「資金循環統計」．

とになるが，資産の形態が変換される間接金融の性質も備えており，投資信託や証券化商品，シンジケートローンなどが代表的である．

　つぎに，株式と債券（国債や社債など）の違いを簡単に述べておこう．株式とは株式会社の出資者としての地位を表すものであり，株式を購入することによって株主つまりその企業の所有者となり，企業経営に関与する権利を得ることになる．そして企業の利潤に関しても，配当という形で株式の所有分に応じて受け取ることができる．一方，債券とは発行主体に応じて社債や国債・地方債などと呼ばれており，株式と異なり，経営に参画したり配当を受け取ったりする権利は有しない．しかし，発行主体が破綻しない限り利子を確実に得ることができ，期限がくれば元本が償還される．このため貸し手の立場からすると，債券の方が株式に比べて比較的リスクの低い金融資産であるといえる．

　日本の金融システムは直接金融ではなく間接金融を中心とした金融システムであったといえる．図 6 - 3 は家計の金融資産構成，図 6 - 4 は民間非金融法人企業の金融負債構成それぞれについて，日本とアメリカを比較したものである．

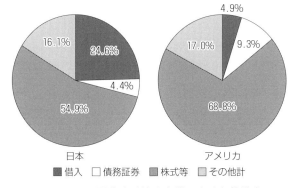

図6‐4　民間非金融法人企業の金融負債構成

(注1)「その他計」は，金融負債合計から，「借入」，「債務証券」，「株式等」を控除した残差.
(注2) 2021年3月末現在.
(出所) 日本銀行『資金循環統計』.

　日本の家計金融資産の合計は約2000兆円である[3].　図6‐3によるとその半分以上は現金・預金 (54.3%) であり，銀行預金の割合が非常に高いという特徴がある.　確定給付型商品が中心の保険・年金・定型保証 (27.4%) を足し合わせると，家計金融資産の8割以上はリスクの低い安全資産で保有されており，リスク性資産である株式等は10.0%，投資信託は4.3%といった低い水準である.　一方，アメリカの現金・預金の割合はわずか13.3%と非常に低く，株式等は37.8%，投資信託は13.2%であり，日本と同水準の保険・年金・定型保証 (29.0%) に関しても，日本の保険や年金と異なり変額保険や確定拠出型年金といった元本や給付金額が確定していない金融商品が多く，リスク性の高い金融資産の割合が高いという特徴がある.

　図6‐4は民間非金融法人企業の金融負債構成の日米比較である.　日本は借入の割合が24.6%に対しアメリカは4.9%と低く，日本企業の銀行借入の高さ，換言すれば間接金融による資金調達の重要性が理解できる.

　つぎに，家計部門に絞った貯蓄および負債の現状を，年齢階級別のデータを用いることにより世代間の相違をみてみよう.　表6‐1は世帯主の年齢階級別貯蓄・負債現在高を表している.

表6-1　世帯主の年齢階級別貯蓄・負債現在高の推移（二人以上の世帯：2020年）

	平　均	40歳未満	40〜49歳	50〜59歳	60〜69歳	70歳以上
現在貯蓄高（万円）	1,791	708	1,081	1,703	2,384	2,259
年間収入（万円）	634	660	786	869	592	441
貯蓄年収比（%）	282.5	107.3	137.5	196.0	402.7	512.2
負債現在高（万円）	572	1,244	1,231	699	242	86
住宅・土地のための負債（万円）	518	1,169	1,152	620	192	66
負債保有世帯の割合（%）	38.5	58.2	66.6	56.5	27.6	12.5
純貯蓄額（万円）	1,219	−536	−150	1,004	2,142	2,173
世帯数分布（%）	100.0	11.5	19.3	16.1	21.4	31.7

（注1）純貯蓄額のマイナスは，負債超過額を示す．
（注2）貯蓄・負債不詳世帯を除いた集計である．
（出所）総務省統計局ホームページ（https://www.stat.go.jp/, 2021年12月1日閲覧）より筆者作成．

　表6-1は家計部門の二人以上世帯について貯蓄および負債の状況を調査した結果であり，世帯主の年齢階級別に表示してある．現在貯蓄高は平均1791万円であり[4]，40歳未満の世帯は708万円と最も少なく，60歳以上の世帯は2000万円を超えている．年間収入の平均は634万円であり，貯蓄年収比（＝現在貯蓄高／年間収入）の平均は282.5％となり，年齢階級が上がるごとにその数値も上昇している．このように，現役世代と呼ばれる60歳代前半までは勤労による所得を得た上で，一定額を貯蓄に回し高齢世代の収入の減少部分を賄っている．

　一方で，負債現在高の平均は572万円であり，50歳未満の世帯が50歳以上の世帯と比べて著しく多い．この理由は，負債の大部分が住宅・土地のためであり，住宅ローンを設定し，その残高も多いこの世代の負債額の値は高くなっている．

　純貯蓄額（＝貯蓄現在高−負債現在高）の平均は1219万円である．負債現在高の金額が大きい50歳未満までの世帯はマイナスであり，その後年齢階級が上がるごとに純貯蓄額は大きくなり70歳以上は2173万円である．

第②節　貨幣と金融組織

　財・サービスの取引や金融取引においては，貨幣が用いられる．では「貨幣」とはどのような意味を有しているであろうか．貨幣がもっている機能については，大別して，交換手段・価値尺度・価値貯蔵，の３つの機能があるとされている．まず代表的な貨幣の機能として，交換手段がある．財やサービスの購入の際には貨幣を支払う．お札や硬貨で支払えばどの店でも受け取ってくれる．また，企業は銀行預金をもとに小切手や約束手形を振り出し，原材料を購入したりしている．家計も預金口座を利用して，公共料金などの自動振替やクレジットカードの清算を済ましている．普通，取引の決済に利用されるのが貨幣である．そうすると，銀行預金も貨幣としての機能をもっていることになる．このような機能が交換手段としての機能であり，貨幣のない社会では物々交換を行わざるを得ないことを考えると，貨幣の存在は経済取引を容易にしている．したがって，貨幣は経済活動における「血液」ともいわれる．

　また貨幣は，財・サービスの市場価値を表す計算の単位としての役割もあり，価値尺度と呼ばれる機能をもっている．もしこのような価値尺度がなければ，取引を行う際の単位が個々の財・サービスの数量となってしまい，無数の交換比率が存在するため現実の取引が複雑になってしまうのである．

　最後に価値貯蔵とは，現在得ている貨幣は通常の財（肉や野菜など）と異なり時間が経っても劣化することはないためすぐに支出する必要はなく，将来の支出のために貯蔵できるという機能である．

　つぎに貨幣とは何かという問題に関して，貨幣の定義について簡単に述べておく．日本において貨幣量は，1955年以来「マネーサプライ」という呼び名で公表されていたが，2008年6月より新たに「マネーストック」と呼ばれる概念に変更されている．このマネーストックは，対象とする貨幣の範囲に応じて，M1・M2・M3・広義流動性と4つの指標に分けられている．M1 とは，お札

や硬貨といった現金通貨に，普通預金や当座預金などの要求払預金（＝預金通貨）を足し合わせたものであり，決済手段として最も容易に用いることができる概念である．M2 は後述する M3 と金融商品の範囲は同じであるが，預金の預け入れ先が M3 のように全預金取扱金融機関ではなく，そこから，ゆうちょ銀行や信用組合・労働金庫・農業協同組合等を除いた，国内銀行・信用金庫等と限定されている．M3 とは，先の M1 に定期性預金などの準通貨と CD（譲渡性預金）を加えたものであり，広義流動性とは，M3 に投資信託や金融債，国債や外債などまでも含めた最も広い概念である．

　ちなみに，2021年 8 月時点のデータで，広義流動性を100％としたそれぞれの割合は，現金通貨5.6％，預金通貨43.2％，準通貨は25.4％であり，M1 は48.8％，M2 は58.5％，M3 は76.0％の割合になっている．

　最後に，暗号資産（仮想通貨）について簡単に述べておく．日本円や米国ドルは法定通貨と呼ばれている．法定通貨は国や中央銀行が紙幣や硬貨を発行し，流通量を管理しているため価値が安定しており，国内のどこでも利用することができる．

　一方，暗号資産は特定の管理主体がなく，紙幣や硬貨といった実物がないデジタルデータである．円やドルといった通貨と交換可能であるばかりか，他人に送金することもでき，法定通貨を送金するよりコストがかからない．店舗で決済に使えることもあるが，利用可能な店舗が限られているため，この点では法定通貨に著しく劣後する．また価格変動が大きいという特徴があるため決済手段として一般的に用いられることが難しく，日本では投機の対象としての利用が中心になっているのが現状である．

　つぎに，日本のさまざまな金融機関についてみてみよう．図 6 - 5 は日本の金融組織の現状を分類したものである．

　図によるとさまざまな種類の金融機関（業態）が存在している．日本の中央銀行である日本銀行は，発券銀行として日本銀行券（日銀券＝紙幣）を独占的に発行する権利を持っており，さまざまな政策手段を用いて，すなわち，中央銀

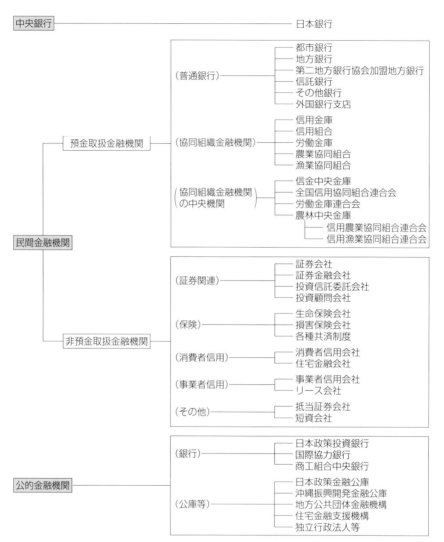

図 6-5　日本の金融組織の現状

（出所）鹿野［2013：12］をもとに一部変更を加えて作成.

行と民間金融機関との日々の取引を通じて，物価の安定や完全雇用の達成といった公共的な目的のために，主として経済活動のマクロ的側面に働きかける経済政策，いわゆる金融政策を担っている．また，日々の経済活動における決済機能が円滑に運行されるよう，金融システムの安定に努めるプルーデンス政策も担っている．

　民間金融機関は，預金取扱金融機関と非預金取扱金融機関の2つに別けることができる．預金取扱金融機関は文字通り「預金」を扱っている金融機関であり，一般に「銀行」と呼ばれている．そして，銀行法に基づき設立された銀行を普通銀行と呼んでいる．

　都市銀行とは全国規模で営業を展開している銀行であり，1973年以降1990年までは13行存在した．しかし，その後の合併や経営統合により2005年以降は，三菱UFJ・三井住友・みずほ・りそな，といった4つの銀行グループになっている．地方銀行は，全国地方銀行協会に加盟する銀行であり，本店のある都道府県内で主に業務を営んでいる．第二地方銀行とは，第二地方銀行協会に加盟する銀行であり，1989年までは相互銀行と呼ばれていたが，この年に普通銀行に転換したため，現在では地方銀行との法律上の違いは全くなく，本店のある都道府県を営業基盤としている．信託銀行とは，銀行業務に加えて，顧客の財産（金銭・年金・土地など）を預かり，管理・処分の委託を受ける信託業務をも行っている銀行のことである．

　また，協同組織金融機関には，信用金庫・信用組合・労働金庫・農業協同組合（JA）などがある．これらの金融機関は営利を目的とした法人企業の普通銀行とは異なり，会員や組合員の相互扶助を目的とする非営利法人である．会員や組合員資格を，地域単位とする信用金庫や信用組合と，職域単位とする労働金庫や農業協同組合等に分けることができ，いずれも会員や組合員である居住者や小規模事業者向けに業務を行っている．そして，こうした金融機関の規模は小さいため，中央機関として信金中金（信金中央金庫）や全信組連（全国信用協同組合連合会）・労金連（労働金庫連合会）・農林中金（農林中央金庫）などの機関が

存在している．いずれも中小零細企業向けの金融機関といえる．

公的金融機関とは，財政投融資制度と大きく関わりのある金融機関であり，国民生活や農林水産業・中小零細企業，国際協力やインフラ・住宅整備，等への資金調達を支援するために政府が出資・設立した金融機関のことである．日本政策投資銀行（1999年に日本開発銀行と北海道東北開発公庫が統合），日本政策金融公庫（2008年に国民生活金融公庫・農林漁業金融公庫・中小企業金融公庫が統合）や住宅金融支援機構（2007年に住宅金融公庫から継承）等が存在している．

第⟨3⟩節　インフレーションとデフレーション

1990年代後半から2000年代にかけての日本経済は，デフレーション（デフレ）が大きな問題となり，デフレからの脱却が主要な政策課題となっていた．デフレーションとは，物価が継続的に下落している状態を指している．1990年代末頃から物価は持続的に下落しはじめ，デフレーションに対する関心が非常に高くなった．このデフレーションと，これまで何度となく経験してきたインフレーション（インフレ）は，物価の問題を考える際には表裏の関係にある．

物価とは，個々の財やサービスの経済全体の平均的な市場価値を表したものであり，基本的には財・サービスに対する需要と供給によって決定される．一般に，需要が供給を大きく上回れば物価は上昇し，供給が需要を大きく上回れば物価は下落する．このような物価を表す経済指標はさまざまあるが，代表的な指標として，消費者物価指数（総務省），企業物価指数（日本銀行），GDP デフレータ（内閣府）の３つを挙げることができる．

消費者物価指数とは，全国の消費者世帯が日常的に（小売段階で）購入する各種の財やサービスの価格を指数化し，総合的な物価の変動を時系列的に捉えた指標である．企業物価指数とは，以前は卸売物価指数と呼ばれていたデータであり，企業間で取引される（卸売段階の）財の価格変動を集約的に捉え，生産者が購入する原材料の価格から計算される指数である．そして GDP デフレータ

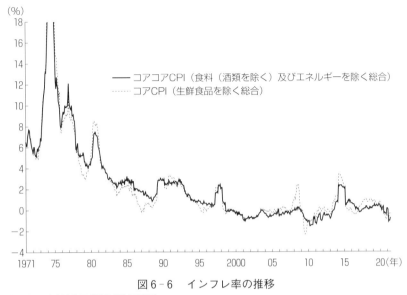

図 6 - 6　インフレ率の推移

（出所）総務省統計局『消費者物価指数』.

とは名目 GDP と実質 GDP の比率であり，事後的に作成される物価指数である．これは，国内の生産を前提に作成された物価指数であり，海外からの輸入される財やサービスは入っていないという特徴がある．

　図 6 - 6 は1971年以降の日本の消費者物価指数を，最も代表的なコア CPI（全国，生鮮食品除く総合）と最近その動向が重視されているコアコア CPI（全国，食料およびエネルギー除く総合）それぞれの推移をインフレ率（＝物価上昇率，対前年同月比）で表した図である．

　図 6 - 6 によると，日本のインフレ率は1973年から75年頃の値が非常に大きくなっている．この頃は第 1 次オイルショックの時期であり，物価上昇率が20％を超える値になっている．その後日本の物価は比較的安定をしていたが，1990年代以降物価上昇率は下降傾向，つまりデフレの様相をみせはじめ，1998年頃から2000年代にかけて，インフレ率はマイナス圏を推移している．2008年頃には原油価格上昇の影響もありコア CPI でみたインフレ率は一時期上昇し

たが，エネルギーの変動を除去したコアコア CPI はその価格上昇の影響を受けないためデフレは続いており，2000年代の末からは再びデフレーションの問題と直面することになった．その後，2013年 4 月以降に導入された異次元の金融政策の影響もあり，インフレ率は大きく上昇したが，2015年半ば以降は日銀が目標とするインフレ率 2 ％の目標は達成されず，2020年以降は新型コロナウイルス感染拡大の影響もあり，再びデフレの傾向がみてとれる．

　2000年代以降の日本は，こうした経済環境のなか，物価が下落しているにもかかわらず，消費や投資などの需要は上昇せず，財・サービスの価格低下によって企業収益は減少し，家計部門でも，賃金の低下や失業・リストラに対する不安が高まっていくことになり，景気は低迷していった．このように，物価下落が景気後退を引き起こし，需要不足から再び物価下落へと悪循環に陥る現象を「デフレ・スパイラル」と呼んでいる．

第 4 節　金 融 政 策

　1990年代後半以降の金融システム不安やデフレ不況の深刻化によって，政策当局は，これまで経験したことのない金融政策運営を求められたのであった．そこで，日本銀行の金融政策運営について簡単に述べておこう．日銀が金融政策を行う際に最も重視している目標は物価の安定である．これは「日本銀行は，通貨および金融の調節を行うに当たっては，物価の安定を図ることを通じて国民経済の健全な発展に資することをもって，その理念とする」と，1998年に施行された新しい日本銀行法（改正日銀法）第 2 条にも明記されていることからも明らかである．日銀はこのような目標を達成するためにさまざまな政策手段を採っている．金融政策の手段としては，貸出政策・準備率操作・公開市場操作，の 3 つが基本的な手段といわれている．

　まず，貸出政策とは公定歩合政策ともいわれ，日本の金融政策の中心的な政策手段として大きな役割を果たしてきた．日銀は民間の金融機関に対して貸出

を行っており，その貸出金利のことを公定歩合と呼ぶ．貸出政策とはこの公定
歩合を操作し，民間金融機関の貸出金利や貸出行動を操作することによって，
実体経済に影響を与えていた政策である．しかし公定歩合は，1994年の金利自
由化の完了とともに預貯金金利との連動性が失われ，1995年以降は，無担保
コールレート（オーバーナイト物）が公定歩合を下回る水準に設定された．この
ため，民間金融機関にとっては公定歩合の金利水準で資金を調達するインセン
ティブは低下し，2001年以降公定歩合は最後の貸し手としての役割（補完貸付
制度＝ロンバート型貸し出し）を担うのみとなった．そのため公定歩合は，2006年
より「基準割引率および基準貸付利率」と名称変更されており，無担保コール
レート（オーバーナイト物）の上限としての役割を担っている．

　つぎに準備率操作である．民間金融機関は預金のすべてを貸出に回すことは
できず，その一定比率を法定準備（所要準備）として無利子で日銀に預けなけ
ればならない．この比率を準備率と呼ぶが，その準備率を日銀が変更する政策
のことを準備率操作という．法定の準備率が引き下げられると，民間の金融機
関は受け入れた預金の貸出に回す割合が上昇するため，銀行貸出が増加し，ひ
いてはマネーストックの増加，つまり金融緩和の効果をもたらすことになる．

　最後に公開市場操作とは，民間金融機関をはじめ不特定多数が参加する公開
市場において，日銀が手形や債券などの売買を行うことによって，市場への資
金供給を調節することである．日銀がこの市場から債券などを購入することを
買いオペレーション（買いオペ）といい，反対に，市場へ債券などを売却する
ことを売りオペレーション（売りオペ）と呼んでいる．買いオペレーションが
行われれば，日銀から市場に資金が流れることとなり，マネーストックの増加，
つまり金融緩和をもたらすことになる．

　現在こうした公開市場操作を行う上で，最も重視されているのは短期金融市
場であり，この市場の資金量を調節することによって，短期金利，なかでも先
述した無担保コールレート（オーバーナイト物）を操作することで，他のさまざ
まな金融市場金利に影響を及ぼしており，今日の最も中心的な金融政策の手段

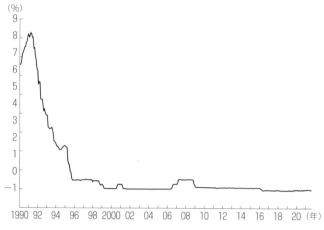

図6‐7　無担保コールレート（オーバーナイト物）の推移

（出所）日本銀行『金融経済統計月報』.

となっている.

　それでは，1990年代以降のデフレーションと長期不況の中，日本ではどのような金融政策運営が採られてきたかをみていこう．日本銀行はデフレ不況対策として，1991年以降度重なる金融緩和（金利の引き下げ）を実施してきたが，1999年3月無担保コールレート（オーバーナイト物）を，手数料を除いてゼロに近づけるゼロ金利政策を実施した．図6‐7は日本の代表的な短期金利である無担保コールレート（オーバーナイト物）の推移を示した図である．1991年以降1999年にかけて段階的に引き下げていることが理解できる．このゼロ金利政策は世界的にも例をみない特殊な金融政策であったが，その後2000年8月には，金利機能の回復という日銀の意向のもと，一時ゼロ金利政策は解除された．しかし，ITバブル崩壊に象徴される景気悪化の影響を受け，2001年3月に日銀は量的緩和政策の実施に踏み切った．

　この政策は，金融政策運営の操作目標を「金利」から「量的指標」に変更するというものであり，短期金融市場金利がゼロ％にまで達してしまった金利操作に替わって，より一層の金融緩和を目的とした政策手段であった．すなわち，

公開市場操作を用いて潤沢な資金を金融市場に供給することによって，金融機関が日銀に保有している日銀当座預金残高の拡大を通じて，その資金が金融機関から企業への貸出増加等に影響することを目的としたものであった．量的緩和政策の下では，十分な資金供給がなされるため，実質的に金利もゼロとなり，ゼロ金利政策が復活したともいうことができる．

　日銀は，消費者物価指数（全国，生鮮食品除く総合＝コア CPI）上昇率が対前年同月比で安定的にゼロ％以上となるまで，量的緩和政策を継続することを約束していたため，政策金利である短期金利のみならず，より長めの金利についても低位で安定的に推移し，金融緩和の政策効果が高まると考えていた．このような効果は時間軸効果と呼ばれている．また，量的緩和政策のもう1つの効果としては，法定（所要）準備額を上回る資金供給によって，金融機関の流動性需要に応えることができたことから，金融システムの安定化に対しても役割を果たしたといえる．

　その後日銀は，2006年3月消費者物価指数の前年比上昇率が安定的にゼロ％以上になること等の解除条件を満たしたと判断し，量的緩和政策の解除を決定した．しかしその後も，無担保コールレート（オーバーナイト物）をゼロ％近くに誘導するゼロ金利政策は継続されてきたが，2006年7月，短期金利の誘導目標を0.25％へ引き上げる決定を行い，ゼロ金利政策は解除されることになった．その後，2007年2月には0.5％への引き上げが行われ徐々に金利正常化へ回復すると思われていた．しかし2008年後半のアメリカの住宅バブル崩壊に伴う金融危機・景気後退の影響，いわゆるリーマン・ショックによる政策対応の一環として，0.1％と再び超低金利の水準に引き下げられることになった．その後，2010年10月の「包括的な金融緩和政策」により誘導目標が0–0.1％に決定され，再びゼロ金利政策が実施されている．

　また，2008年9月のリーマン・ショックに端を発した世界金融危機によって，各国の金融市場は混乱に陥り，金融システムは不安定化していった．金融システムの安定化を目的とした「マクロプルーデンス政策」は，個別の金融機関を

規制・監督し健全性を確保する「ミクロプルーデンス政策」と異なり、システミックリスクを抑制し、金融システム全体の安定を確保するために、金融機関全体を対象とした政策である。システミックリスクとは、個別の金融機関の経営破綻や特定の市場の混乱が原因となり、他の金融機関や市場・金融システム全体にまで、混乱を波及させるといったリスクのことであり、1990年代後半以降の日本や、リーマン・ショック以降の世界経済において特に顕在化した。こうしたリスクを抑制する任務を、各国中央銀行や政府も担っており、具体的な政策手段としては、新しい自己資本比率規制（バーゼルⅢ）やマクロストレステスト等が挙げられるが、LTV 規制（担保評価額に対する貸出額の比率に上限を課す規制）のように、ミクロプルーデンス政策との境界が明確でない政策手段も多く、各国において見解が分かれているのが現状である。

　2010年代に入り、ゼロ金利政策をはじめ金融緩和政策は引き続き実施されていたが、デフレからの脱却という政策課題の実現は道半ばであった。その後2013年4月に日本銀行は、「量的・質的金融緩和」と呼ばれる新たな金融緩和政策を決定した。「異次元緩和」とも称されるこの政策は、操作目標をマネタリーベースに設定し、その規模を2年間で2倍に拡大させるために、従来よりも残存期間のより長い国債や ETF（上場投資信託）・J-REIT（不動産投資信託）といったリスク性資産の買い入れを拡大することによって、2％のインフレ率（コア CPI 上昇率）を達成することを目標とする政策であった。第2節でマネーストックについて述べたが、貨幣を表す概念として「マネタリーベース」について簡単に説明を行う。マネタリーベースとは、現金と日銀当座預金（＝日銀当預，準備金）を足し合わせたもので、ハイパワードマネーやベースマネーと呼ばれることもあり、日本銀行が直接コントロールできる貨幣量である。日銀当座預金とは民間銀行（市中銀行）が日銀に預けている資金であり、法律により家計や企業から受け入れた預金の一定額を法定準備（所要準備）として日銀に預ける必要がある。法定準備以上の金額を日銀に預ける場合は超過準備と呼ばれるため、日銀当座預金は法定準備と超過準備の合計である。

　こうした量的緩和政策は，日本銀行のバランスシートを拡大させる政策と言い換えることができる．表 6 - 2 は異次元緩和政策の導入直前である2013年 3 月末とその 1 年後の2014年 3 月末および2021年 3 月末の日銀のバランスシートの規模拡大が示されている．

　2013年 3 月末の日銀のバランスシートをみると資産の合計は164兆円であり，うち国債は125兆円である．異次元緩和により大量の国債が日銀に買われたため， 1 年後の2014年 3 月末のデータでは，資産合計は241兆円，国債は198兆円といずれも大きく増加し，2021年 3 月末では，資産合計は714兆円，国債は532兆円とより一層拡大している．一方負債側をみると，発行銀行券である日本銀行券（紙幣）は83兆円から87兆円そして116兆円と若干増加しているのみで，負債合計の増加分のほとんどは当座預金（日本銀行当座預金）の増加となっている．

　このように日銀は異次元の金融緩和政策を実施することにより，日銀自身のバランスシートを拡大させる政策を続けているが，国債の購入により市中に大きく流れた資金が日銀当座預金の残高増加という形で還流してしまっており，銀行から民間企業への貸出増加に代表される金融緩和の効果を確認することは難しいのが現状である．

　2014年10月には「量的・質的金融緩和」は拡大され（マネタリーベース増加額の拡大・資産買い入れ額の拡大・長期国債買入れ平均残存年限の長期化），2016年 1 月には「マイナス金利付き量的・質的金融緩和」が導入された．「マイナス金利」とは日銀当座預金残高を① 基礎残高（＋0.1%），② マクロ加算残高（ゼロ%），③ 政策金利残高（−0.1%），の 3 つに分割し，①と②を上回る部分である③にマイナス金利を適用するものである．これは従来の「量」や「質」に加えて「金利」の 3 つの次元で金融緩和を進めていく政策である．その後2016年 9 月には「長短金利操作付き量的・質的金融緩和」が導入された．この政策は，日本銀行が 2 %のインフレ目標を早期に実現するために，一段と強力な金融緩和を進めていくものである．長短金利操作とは「イールドカーブ・コントロール（YCC）」とも呼ばれ，マイナス金利政策を継続した上で，長期金利に関しても，

表6‒2　日本銀行のバランスシート

2013年3月末　　　　　　（単位：兆円）

資　産		負債および純資産	
国　債	125	発行銀行券	83
CP等	1	当座預金	58
社　債	3	・	・
金銭の信託	3	・	・
貸付金	25	・	・
外国為替	5	・	・
・	・	・	・
・	・	・	・
合　計	164	合　計	164

2014年3月末　　　　　　（単位：兆円）

資　産		負債および純資産	
国　債	198	発行銀行券	87
CP等	2	当座預金	129
社　債	3	・	・
金銭の信託	4	・	・
貸付金	26	・	・
外国為替	5	・	・
・	・	・	・
・	・	・	・
合　計	241	合　計	241

2021年3月末　　　　　　（単位：兆円）

資　産		負債および純資産	
国　債	532	発行銀行券	116
CP等	3	当座預金	523
社　債	7	・	・
金銭の信託	37	・	・
貸付金	126	・	・
外国為替	7	・	・
・	・	・	・
・	・	・	・
合　計	714	合　計	714

（出所）日本銀行『営業毎旬報告』.

10年物国債の金利が 0 ％程度で推移するよう長期国債の買入れを行うことである．もう 1 つの柱は「オーバーシュート型コミットメント」と呼ばれるもので，消費者物価指数（コア CPI）の前年比上昇率の実績値が安定的に 2 ％を超えるまでマネタリーベースの拡大方針を継続することを約束する政策である．

　このように日本銀行は 2 ％という物価安定の目標の実現といった政策課題へ向けて，さまざまな金融緩和政策の取り組みを遂行しているが，長期にわたる異次元の金融緩和政策によって，金利の重要な役割である市場の価格発見機能が失われているといった新たな問題も顕在化しており，こうした政策の「副作用」に関しても議論がなされているところである．

　　注
　1 ）　2020年度の急激な値の上昇は，新型コロナウイルスの感染拡大といった特殊要因がある．この年は消費支出の大きな減少のみならず，一律10万円の特別定額給付金の影響もあり，貯蓄率が大きく伸びたことが原因である．
　2 ）　このような機能を資産変換機能という．
　3 ）　2021年 9 月末の家計金融資産合計は1999.8兆円である．
　4 ）　ここでいう貯蓄には，銀行の預貯金や生命保険，株式や投資信託などの有価証券，社内預金や個人年金保険，外貨預金等も含まれるが，いわゆるタンス預金は含まれない．このため，**図 6 - 3 ** の「資金循環統計」の数値とは若干対応しない側面がある．
　5 ）　資金決済法の改正（2020年 5 月施行）により，法令上，仮想通貨は暗号資産へ呼称変更された．
　6 ）　中央銀行が発行する通貨に関しても，デジタル化された中央銀行デジタル通貨（CBDC）を発行する議論が現在活発に行われている．
　7 ）　無担保コールレート（オーバーナイト物）とは，金融機関が日々の短期的な資金の過不足を調整するための取引を行うコール市場における無担保での資金貸借のうち，約定日に資金の受払を行い，翌営業日を返済期日とするものにかかる金利のことである．
　8 ）　準備率が引き上げられると，上記と反対のプロセスにより金融引締めの効果をもたらす．

第 7 章

企業と産業

第 1 節　企業の概要

（1）企業の定義

　我々の日常生活において，「企業」という言葉は頻繁に用いられている．辞書的な意味での企業の説明については，例えば「技術変換という仕事を行い，それによって付加価値という成果を生み出している」［伊丹・加護野 2003：1］というものがある．簡単に言うと，企業部門は，経済システムにおいて，資源を投入してさまざまな財・サービスを生産し，消費者に供給する，という役割を担っていると言える．企業活動の最大の目的は，「付加価値」を創造することであり，それは営利活動とも呼ばれている．付加価値とは，各企業の純粋な生産活動の貢献を数値化したものであり，売上高－費用，として計算される．さらに，企業で生み出された付加価値は利益としてとらえられ，株主や労働者に所得として分配される．すなわち，企業活動は世の中の資源を活用して富を生み出し，社会に分配するという機能を担っていると言える．

　一方で，企業活動の範囲は，営利活動のみにとどまらず，社会に対する責任についても求められるようになってきている．とりわけ近年は，企業の社会的責任（CSR: Corporate Social Responsibility）と呼ばれる概念が一般的に認識されるようになり，企業の果たすべき役割は広がりつつある．また，企業フィランソロピー（慈善活動・社会貢献活動）や企業メセナ（芸術・文化事業）なども企業活動の重要な側面としてとらえられるようになっている．

（2）企業の種類

　企業には，大きく分けて「私企業」，「公企業」および「公益企業」の3種類が存在する．はじめに，公企業とは，何らかの理由によって公的部門（国や地方自治体）が経営を担う企業である．例えば，かつての三公社（日本電信電話公社，日本国有鉄道，専売公社）のように，政府が主体となって経営されている企業や，

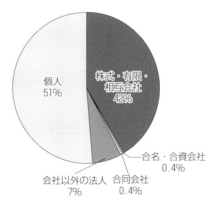

図 7 - 1　企業形態の内訳（2016年）

（注）サンプル数は3,856,457社である.
（出所）『平成28年経済センサス：活動調査, 確報集計（企業等に関する集計）』.

水道事業, 公営交通事業のように地方自治体などが主たる経営主体となっている企業が該当する.

　公益企業は, 電力やインフラ産業のように巨額の初期費用（埋没費用）を必要とするような事業を担う企業である. これらの産業の場合, 自由な競争が行われた結果として, 市場構造が独占的（自然独占もしくは地域独占）になってしまうという問題を抱えている. そのため, 民間の企業形態をとっていても, 新規参入が規制されており, 生産物の価格についても政府によって管理されている.

　私企業は, 我々が一般的にイメージする企業である. 本章では, 主に私企業にフォーカスして, 企業活動ついて考察してみたい. 私企業も, 厳密にはその形態によっていくつかのカテゴリーに分類することができる. 大きな分類として, 法人格を有する「法人企業」と個人で経営が行われている「個人企業」に二分することができる. さらに, 法人企業も, 出資形態によって, 株式会社や合同会社といった形態に分類されている. 図 7 - 1 には, 日本における形態別の企業数を示した. ここから, 全企業に占める法人企業と個人企業のシェアがそれぞれほぼ半分ということがわかる. なお, 法人企業の内訳としては, 4分の3以上の企業が株式会社として登記されていることが理解できる[1].

表 7 - 1　中小企業の定義（中小企業基本法）

業種分類	定　　　　義
製造業その他	資本金の額又は出資の総額が 3 億円以下の会社又は常時使用する従業員の数が 300人以下の会社および個人
卸売業	資本金の額又は出資の総額が 1 億円以下の会社又は常時使用する従業員の数が 100人以下の会社および個人
小売業	資本金の額又は出資の総額が 5 千万円以下の会社又は常時使用する従業員の数が 50人以下の会社および個人
サービス業	資本金の額又は出資の総額が 5 千万円以下の会社又は常時使用する従業員の数が 100人以下の会社および個人

（出所）中小企業庁ウェブサイト（https://www.chusho.meti.go.jp/soshiki/teigi.html/, 2021年10月 1 日閲覧）.

表 7 - 2　小規模企業者の定義（中小企業基本法）

業種分類	中小企業基本法の定義
製造業その他	従業員20人以下
商業・サービス業	従業員 5 人以下

（出所）中小企業庁ウェブサイト（https://www.chusho.meti.go.jp/soshiki/teigi.html/, 2021年10月 1 日閲覧）.

表 7 - 3　日本の企業分布（2016年, 従業員数）

0 ～ 9 人	3,302,069社
10～49人	435,602社
50～99人	59,249社
100～299人	41,474社
300～999人	13,680社
1000～1999人	2,405社
2,000～3,999人	1,357社
5,000人以上	621社
総　　数	3,856,457社

（注）各企業の常用雇用者の規模を表している.
（出所）『平成28年経済センサス：活動調査, 確報集計（企業等に関する集計）』.

表 7 - 4　日本の企業分布 （2016年，資本金区分）

300万円未満	98,669社
300〜500万円未満	529,384社
500〜1,000万円未満	203,118社
1,000〜3,000万円未満	514,127社
3,000〜5,000万円未満	65,044社
5,000万〜1億円未満	44,454社
1億円以上	27,559社
総　数	1,482,355社

（出所）『平成28年経済センサス：活動調査，確報集計（企業等に関する集計）』．

　また，企業規模による分類も可能である．日本では，資本金および従業員数によって，大企業と中小企業という分類が行われている．中小企業に当てはまる事業者については，表7-1で示したとおり，中小企業基本法によって定義されている．さらに規模が小さい事業者については，小規模企業者として，中小企業基本法によって，表7-2のとおり定義が行われている．

　中小企業に該当する事業者は，さまざまな優遇措置を受けることができる．特に，税制上のメリットが大きいとされている．それでは，日本における規模別の企業分布はどのようになっているのか．表7-3では，従業員数による企業の分布を，また表7-4では資本金区分による企業の分布をそれぞれ示した．

　まず，従業員数であるが，圧倒的に少人数の企業が多数を占めていることがわかる．また，資本金については，300万円から500万円の企業の割合が最も高く，資本金が5000万円以上の企業数は極めて少ないことが理解できる．このように，日本においては，企業の大多数が中小企業で占められていると言える．

第❷節　企業活動と市場競争

（1）市場競争と独占

日本経済において，企業活動は主に市場で行われている．市場経済下の効率的な企業活動は，自由な市場競争を前提として成り立っている．ミクロ経済理論の完全競争市場が成立する前提条件として，「多数の売り手と買い手の存在」がある．これらの条件が保証されない場合，健全な市場競争が阻害され，いわゆる「独占」といった状況が生じる可能性がある．特に，少数の企業によって特定財の供給が占有されている状態は「売り手独占」と呼ばれている[2]．

　このような場合，経済にとってどのような不都合が生じるのであろうか．そもそも，完全競争市場では，「プライス・テイカーの原則」によって，価格は市場における価格調整メカニズムが機能することで形成される．こうして形成された価格は，「市場均衡価格」と定義されており，この価格によって市場取引が行われることによって，パレート最適が実現する．しかし，独占市場においては，この前提は成り立たなくなり，経済全体にとって望ましい状態は実現しなくなる．それは，独占企業が自社の利益が最大になるように価格を吊り上げる行動をとることによる．

　また，複数の企業が存在するケースであっても，企業数がごく少数（寡占市場）の場合，企業間で価格協調が行われる可能性があり，結果として独占市場と似たような状況がもたらされることがある．

（2）市場競争度の測定

　それでは，現実の経済では，どのようにして市場の競争度かどうかを評価するのか．以下では，その手がかりについて考えてみたい．

売り手数

市場の競争度を測る最もわかりやすい指標として，市場の売り手数が挙げられる．すなわち，それぞれの市場にどれだけの売り手が存在するのかを見ることで，市場の競争度を検証することができる．一般的に，売り手数が少ない企業は競争度が低く，売り手数が増えるに連れて市場の競争度が高まっていくと考えられる．逆に売り手数が少なくなると，企業間の競争度は低くなり，状態となる．このように，売り手数を見ることによって，市場がどの程度，競争的かを知る手がかりを得ることができる．

市場集中度

市場競争度を知る上で売り手数は便利な指標と言えるが，厳密な意味での市場における競争を見極めることができない場合もある．例えば，仮に多数の企業が市場内に存在し，一見すると競争的な市場のように見えたとしても，実際には市場シェア上位の数社が供給の大部分を独占しているというケースは考えられる．こうした観点から，より詳細に市場における競争状況を把握するときには，売り手間の規模分布を測定することが必要になる．

そこで有用なのが，「市場集中度」と呼ばれる指標である．市場集中度とは，市場における上位数社が，その市場の供給の何％を占有しているのかを示す指標である．実際に，市場集中度を計測する際に上位何社のシェアを採用するのかは，状況によって異なってくるが，通常は上位3〜5社の市場集中度を計算することが多い．市場集中度の見方としては，指標の値が上昇すれば企業間の競争が低下し，逆に指標の値が下落すれば競争が激しくなるとされている．

しかしながら，市場集中度を用いても，詳細な市場競争の実態については測定できないこともしばしばある．ここで，市場集中度の問題点を深く理解するために，次のような例を通して考えてみたい．はじめに，2つの市場（XとYとする）を想定する．それぞれの市場における売り手数は5社のみとして，上位5社の市場集中度は，X市場，Y市場共に100％とする．ここまでの話では，

X市場とY市場との間で大きな違いは見られない．しかしながら，X市場と
Y市場のそれぞれの市場内における企業の市場占拠率（シェア）の分布の違い
によって，競争状況も大きく変化する．例えばX市場ではリーディングカン
パニーの企業が60％の市場占拠率で，他の4社がそれぞれ10％ずつのシェアを
分け合っているとする．一方で，Y市場においては，5社の市場占拠率がそ
れぞれ20％と横並びの状態であると仮定する．こうした状況において，市場競
争の状況は，X，Yそれぞれの市場において大きく異なってくることが理解で
きよう．X市場においては，リーディングカンパニーがプライス・メイカー
として市場競争で圧倒的な優位性を発揮していることは容易に想像できる．一
方で，Y市場の状況を予測することは難しい．5社の間で激しい競争が繰り
広げられている可能性もある一方で，5社の間で暗黙の協調行動が取られてい
るかも知れない．このように，市場集中度だけでは，市場競争の実態を理解で
きない場合があるということも留意する必要がある．

ハーフィンダール・ハーシュマン指数

　市場集中度は，規模分布という視点から市場における競争状況を測ることの
できる指標であるが，実際には上位シェア企業間にどの程度，規模の格差があ
るかによって市場での競争状況は変わってくる．こうした問題点を踏まえて作
成された指標が，「ハーフィンダール・ハーシュマン指数（HHI: Herfind-
ahl-Hirshman Index）」である．HHIは以下の式で定義される．

$$\mathrm{HHI} = \sum_{i=1}^{n} C_i^2$$

　ここで，C_iはi番目の企業の市場占拠率，nは総企業数である．すなわち，
各企業の市場占拠率を2乗した値の総和がHHIとなる．ある市場において1
社による完全独占が成立している状況では，HHIは最大値の10000（100^2）とな
る．また，前出の例を用いると，X市場の場合，HHIは4000（$60^2 + 10^2 + 10^2 + 10^2$

$+10^2$）であるが，Y市場では，2000 $(20^2+20^2+20^2+20^2+20^2)$ となる．このように，HHI を用いることによって，より詳細な市場の競争状況を知ることができる．

（3）日本における市場競争の現状

それでは，現代日本における市場競争はどのような状況なのだろうか．表7 - 5には日本における代表的な業種の市場集中度（上位3社および5社）を示した．

このように，市場集中度を見ることによって，どの市場が競争的／非競争的なのかを，ある程度は理解できる．表7 - 5からは，類似した業種においても，寡占度が高い業種と低い業種が比較的混在しているケースがあることが読み取れる．例えば，寡占市場の代表例としてよく取り挙げられるビール市場は市場集中度が非常に高いが，飲料市場の集中度はそれほど高くない．同様に，情報通信分野においては，携帯電話（通信キャリア）の市場集中度の高さとインターネットの集中度の低さは対象的である．市場集中度については，一般的に初期費用などの参入障壁の高い業種において高くなる傾向があるとされているが，それぞれの業種における特徴や規制等が大きく影響しており，その性格を一概に論じることはできない[3]．

次に，日本経済全体の市場競争度について考えてみたい．図7 - 2では，日本全体の市場集中度（上位3社の生産集中度と出荷集中度）と HHI の動きを示した．

この図から，生産集中度と HHI については全体的に上昇傾向にあるが，1990年代前半まではほぼ同じ水準を維持していた．1990年代後半からは大幅な上昇に転じている．一方で，出荷集中度については対象的に，1990年代前半までは下落傾向にあるが，1990年代後半には上昇に転じている．2014年の時点で計測してみると，HHI の平均値は約3400となっており，これは売り手の規模を同一と仮定した場合，ほぼ3社による独占状態となっている．これらの指標からは，日本全体で考えると，近年の市場競争度は低下していると推定できる．ただし，これらの数値には輸入分が除外されており，国際競争を考慮した市場

表7-5 日本における主要な業種の市場集中度 (2020年)

自動車

企業名	市場シェア(%)
1 トヨタ自動車	47.7
2 ホンダ	15
3 日産自動車	13.8
4 マツダ	5.1
5 スズキ	5
上位3社集中度(%)	76.5
上位5社集中度(%)	86.6

鉄鋼

企業名	市場シェア(%)
1 日本製鉄	34.7
2 JFE HD	23.2
3 神戸製鋼所	12.3
4 日立金属	5.5
5 大同特殊鋼	3
上位3社集中度(%)	70.2
上位5社集中度(%)	78.7

機械

企業名	市場シェア(%)
1 三菱重工業	13
2 ダイキン工業	8.2
3 コマツ	7.8
4 クボタ	6.2
5 ジェイテクト	4.5
上位3社集中度(%)	29
上位5社集中度(%)	39.7

ゴム・タイヤ

企業名	市場シェア(%)
1 ブリヂストン	52.8
2 住友ゴム工業	13.9
3 横浜ゴム	10
4 住友理工	7
5 TOYOTIRE	6
上位3社集中度(%)	76.7
上位5社集中度(%)	89.7

ガラス

企業名	市場シェア(%)
1 AGC	46.2
2 HOYA	17.9
3 日本板硝子	16.3
4 日本電気硝子	7.9
5 セントラル硝子	6.2
上位3社集中度(%)	80.4
上位5社集中度(%)	94.5

半導体

企業名	市場シェア(%)
1 東京エレクトロン	17.8
2 ソニー	15.5
3 東芝	11.8
4 ルネサスエレクトロニクス	11.3
5 ローム	5.7
上位3社集中度(%)	45.1
上位5社集中度(%)	62.1

家電

企業名	市場シェア(%)
1 パナソニック	29.5
2 ソニーグループ	24.4
3 三菱電機	13.3
4 シャープ	11.3
5 日立製作所	5.9
上位3社集中度(%)	67.2
上位5社集中度(%)	84.4

重電

企業名	市場シェア(%)
1 日立製作所	27.6
2 三菱電機	16.3
3 東芝	15.5
4 富士電機	12.2
5 明電舎	11.5
上位3社集中度(%)	59.4
上位5社集中度(%)	83.1

電子部品

企業名	市場シェア(%)
1 村田製作所	35.9
2 日本電産	26.5
3 京セラ	24.2
4 TDK	6
5 ミネベアミツミ	4.8
上位3社集中度(%)	86.6
上位5社集中度(%)	97.4

アパレル

企業名	市場シェア(%)
1 ファーストリテイリング	49.6
2 しまむら	14.4
3 オンワードHD	13.2
4 ワールド	9.6
5 アダストリア	3.6
上位3社集中度(%)	77.2
上位5社集中度(%)	90.4

OA機器

企業名	市場シェア(%)
1 キヤノン	27.8
2 リコー	18.8
3 富士フイルムHD	10.6
4 コニカミノルタ	9.1
5 セイコーエプソン	8.2
上位3社集中度(%)	57.2
上位5社集中度(%)	74.5

食品

企業名	市場シェア(%)
1 明治HD	6.1
2 日本ハム	6
3 味の素	5.3
4 山崎製パン	5.2
5 マルハニチロ	4.4
上位3社集中度(%)	17.4
上位5社集中度(%)	27

化粧品

企業名	市場シェア(%)
1 資生堂	31.3
2 コーセー	26.1
3 花王	12.6
4 ポーラ・オルビスHD	6.2
5 マンダム	5.1
上位3社集中度(%)	70
上位5社集中度(%)	81.3

ゲーム

企業名	市場シェア(%)
1 ソニー	36
2 任天堂	24.6
3 バンダイナムコHD	6.1
4 スクウェア・エニックス HD	4.9
5 ネクソン	4.7
上位3社集中度(%)	66.7
上位5社集中度(%)	76.3

広告

企業名	市場シェア(%)
1 電通グループ	70.4
2 博報堂DYHD	20.1
3 サイバーエージェント	3.4
4 東急エージェンシー	1.3
5 オプトHD	1.2
上位3社集中度(%)	93.9
上位5社集中度(%)	96.4

ビール

企業名	市場シェア(%)
1 サントリーHD	33.3
2 キリンHD	32.3
3 アサヒビールHD	24.7
4 サッポロHD	9.6
上位3社集中度(%)	90.3
上位5社集中度(%)	99.9

飲料

企業名	市場シェア(%)
1 サントリー食品インターナショナル	
2 コカ・コーラ ボトラーズジャパン	
3 アサヒ飲料	
4 伊藤園	
5 ヤクルト本社	
上位3社集中度(%)	
上位5社集中度(%)	

ソフトウェア

企業名	市場シェア(%)
1 日本オラクル	37.2
2 トレンドマイクロ	35.4
3 オービック	26.8
4 ジャストシステム	0.6
上位3社集中度(%)	99.4
上位5社集中度(%)	100

総合商社

企業名	市場シェア(%)
1 三菱商事	12.3
2 伊藤忠商事	8.4
3 三井物産	6.6
4 丸紅	6.3
5 豊田通商	6.2
上位3社集中度(%)	27.3
上位5社集中度(%)	39.8

小売業

企業名	市場シェア(%)
1 イオン	13.8
2 セブン&アイ・HD	10.7
3 ファーストリテイリング	3.7
4 パン・パシフィック・インター…	2.7
5 ヤマダ電機	2.6
上位3社集中度(%)	28.2
上位5社集中度(%)	33.5

インターネット

企業名	市場シェア(%)
1 楽天	
2 リクルートHD	
3 Zホールディングス	
4 GMOインターネット	
5 エムスリー	
上位3社集中度(%)	
上位5社集中度(%)	

携帯電話

企業名	市場シェア(%)
1 NTTドコモ	
2 KDDI	
3 ソフトバンク	
4 楽天モバイル	
5 沖縄セルラー電話	
上位3社集中度(%)	
上位5社集中度(%)	

銀行

企業名	市場シェア(%)
1 三菱UFJ FG	25.1
2 三井住友FG	16.2
3 みずほFG	13.4
4 ゆうちょ銀行	8.1
5 三井住友トラスト・HD	5.7
上位3社集中度(%)	54.7
上位5社集中度(%)	68.5

証券

企業名	市場シェア(%)
1 野村HD	22.8
2 大和証券グループ本社	21.3
3 SBI HD	19
4 三菱UFJ証券HD	3.5
5 マネックスグループ	2.4
上位3社集中度(%)	63.1
上位5社集中度(%)	69

不動産

企業名	市場シェア(%)
1 三井不動産	42.3
2 三菱地所	15.1
3 住友不動産	14.2
4 大東建託	10.2
5 東急不動産HD	2
上位3社集中度(%)	71.6
上位5社集中度(%)	83.8

（出所）業界動向サーチ（https://gyokai-search.com/）, 2021年10月1日閲覧.

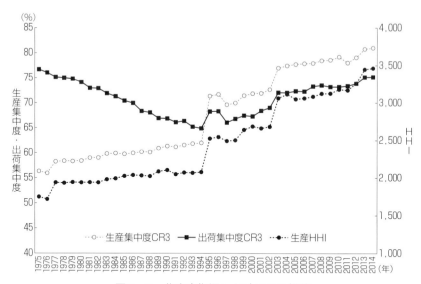

図7‑2　集中度指標および HHI の推移

（出所）公正取引委員会『平成25年・26年生産・出荷集中度調査』.

競争を反映していない．現実の経済では，海外企業の参入によって競争が促されている可能性も考えられる．

（4）独占禁止法

　これまで見てきたように，独占市場の弊害としては，売り手（独占企業）が買い手の利益（余剰）を吸い上げてしまうということである．また，総余剰全体でみると，ウェルフェア・ロスが発生し，社会全体の経済厚生が減少することになる．こうした事態を防ぐために，日本では独占禁止法が制定されており，政府機関である公正取引委員会が独占に不利益が生じていないかどうかを監視している．

　特に，市場集中度が高く，価格競争が制限されている場合は，公正取引委員会がその旨を公表し，行政指導を行っている．また，特に寡占状態になることが懸念される市場は，「独占的状態」に指定され，常時監視下に置かれている．

具体的な独占状態については，「国内総供給額が1000億円を超え，かつ首位の市場占拠率が50％を超え，または上位２社の合計が75％を超えること」と定義されている［公正取引委員会 2021：6］．2014年までは，具体的な業種が公表されており，例えば，ビールやウィスキー，たばこ，パソコン用基本ソフト，音楽著作権管理業など，31業種が指定されていた．

　寡占市場の場合，上位企業によって価格の同時引き上げや過大な販売促進活動が行われるケースが多く，経済全体へのマイナスの影響が懸念されている．こうした観点からも，適切な市場競争が促されるためには，独占禁止法が必要不可欠であると言える．

第 3 節　産業と経済

（1）産業の定義

　１節および２節では，主に企業の概要や市場における競争について見てきたが，本節では，「産業」について理解を深めてみたい．産業とは，生産活動を行う上での大まかな分類を意味している．具体的には，企業がどのような種類・性質の財やサービスを提供しているのかによって細かく分類することができる[4]．こうした定義の中で，世界的に有名なものが，イギリスの経済学者であるコリン・クラークによって定義された３つの産業分類である．はじめに，自然に直接働きかける産業は「第１次産業」と定義されている．ここには，農業や漁業，林業などがカテゴライズされている．続いて，第１次産業で採取・生産された原材料を加工して，新たな価値を加える部門は「第２次産業」と定義されている．ここには，製造業や建築業などが当てはまる．さらに，上記の２つの産業に当てはまらない部門は「第３次産業」と定義されている．第３次産業には，第１次産業や第２次産業で生産・加工された財を最終的に消費者に供給する流通や小売部門が当てはまる．また，無形財を提供するサービス産業も第３次産業に分類されている．

　ここで，パンを例に各産業の役割について考えてみよう．まず，第1次産業である小麦農家が原材料である小麦を生産・収穫する．こうして生産された小麦を原材料に，第2次産業であるパン工場が加工してパンを生産する．最終的に，パン工場で生産されたパンが，第3次産業であるスーパーマーケットやコンビニエンスストアで販売され，消費者に届けられる．このように，多くの財の一連の生産活動は，その生産工程によって上記の3つの産業部門にまたがっていることが理解できる．

（2）経済成長とペティ＝クラークの法則

　現代社会における経済活動はダイナミックであり，その構造は日々変化を遂げている．とりわけ，経済成長に伴って産業構造は大きく変化することが知られている．このような産業の変化に関して，17世紀イギリスの経済学者であるウィリアム・ペティの記述をベースに，コーリン・クラークが法則化した「ペティ＝クラークの法則」が有名である．ペティ＝クラークの法則は極めて単純で，一国の経済が成長するに従って，その国の就業人口の重点が，第1次産業から第2次産業へ，さらには第3次産業へとシフトする，というものである．

　それでは，ペティ＝クラークの法則が日本経済にも当てはまるかどうかを，実際の経済データを用いて確認してみたい．以下，**図7‒3**には戦後日本の産業別就業人口の変遷を示した．

　これを見ると，第1次産業の就業人口のシェアは一貫して低下していることがわかる．その一方で，第2次産業のシェアは，1960年代以降，急激に拡大しており，第1次産業とのシェアの逆転が起こっている．これは，ちょうど日本の高度経済成長期と呼ばれた時代と一致する．1960年代〜70年代の日本では，工業化が急速に進み，第2次産業において労働需要が拡大した．これに伴って，当時の日本では，農村部から都市部への大々的な労働人口の移動が起こった．とりわけ，地方における中等教育終了後の新卒者は，「金の卵」としてもてはやされ，集団で都市部へ就職するという，いわゆる「集団就職」という形態が

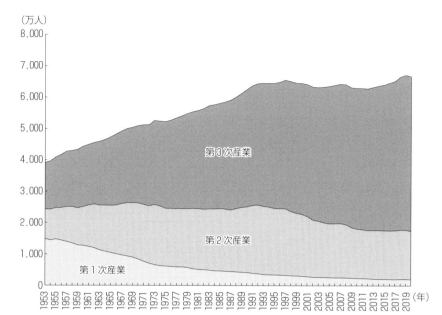

（万人）

図7‐3　産業別就業人口の推移

（出所）総務省『労働力調査』.

見られたのはこの時代である.

　第3次産業の就業人口シェアに関しては，1980年代以降似拡大していること
がわかる. この時代，日本の高度経済成長は一段落して安定成長期に入り，産
業活動の中心が第3次産業に移行していくことになる. 現代においては日本の
就業人口の半数以上が第3次産業に従事していることがわかる. このように，
戦後日本の産業発展は，ペティ゠クラークの法則に忠実にしたがっているとい
うことが理解できる.

　なお，ペティ゠クラークの法則を理解する上では「付加価値創造」という概
念が重要となる. 各産業の付加価値創造を比較してみると，一般的に農業より
も製造業，製造業よりもサービス産業の方がより高い付加価値を産み出すとさ
れている. こうした観点から考えると，限られた生産資源を効率的に活用して，
いかにして一国の経済を成長させるのか，ということを考えた時に，典型的な

経済成長のパターンがペティ＝クラークの法則に従うのは当然であると言える．

（3）第2次産業と工業化のパターン

　クラークの産業分類に従うと，製造業は全て第2次産業にカテゴライズされ
ているが，その構造は非常に複雑である．特に，製造業は産出物の特徴によっ
て，軽工業と重工業の2つに分類することができる．軽工業は繊維産業や食品
産業などの消費財の生産を担っている部門が多いのに対して，重工業は金属・
鉄鋼業や機械・化学産業といった生産活動に用いる投資財の生産割合が高く
なっている．

　これらの分類を踏まえて，経済成長に伴う第2次産業内においてどのような
構造変化のパターンを描くことができるのだろうか．特に有名なのが，ドイツ
人経済学者のワルサー・G・ホフマンによって提唱された「ホフマン比率」の
概念である．ホフマンは製造業部門を，消費財部門と投資財部門に分類し，消
費財産業の投資財産業に対する付加価値額および従業員数の比率をホフマン比
率と定義した．さらに，経済成長に伴って，ホフマン比率が次第に低下してい
くという「ホフマンの法則」を提唱した．以下，**図7‐4**では，日本における
軽工業・重工業比率（付加価値）およびホフマン比率の変化を示した．

　まず，軽工業・重工業比率であるが，1の値をとれば軽工業と重工業の付加
価値ベースの比重が等しくなる．さらにこの値が1を下回れば重工業化が本格
化したと考えられる．日本の場合，軽工業・重工業比率は1を大きく下回り，
さらに低下傾向にある．すなわち，日本はすでに重工業化を達成しており，さ
らにその比重が高まっていると言うことができる．

　一方で，ホフマンは工業発展を4段階に分類し，ホフマン比率と関連させた．
日本のホフマン比率は0.25前後となっているが，これはホフマンによると最も
工業化が進んだ第4段階（ホフマン比率が1以下）に達しているとされる．この
ように，日本においては工業化は十分達成されていると考えることができよう．

　こうした，第2次産業内の構造変化を更に細かくとらえると，日本やアジア

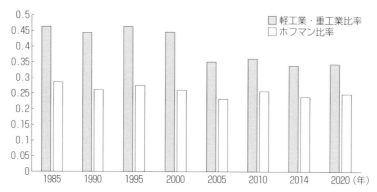

図7−4　軽工業・重工業比率（付加価値）**およびホフマン比率の推移**

（出所）経済産業省『工業統計調査』より筆者作成.

地域における工業化についても段階的な発展パターンを見出すことができる.
まず, 一国内での工業化のプロセスは, 労働集約的な軽工業から始まり, 次に
資本集約的な重工業, 技術集約的なハイテク産業へと展開する. やがて, 一国
内で成熟した産業は, より生産コストの安い国に移転する. アジアに置いては,
日本が先導して工業化を始め, 日本国内で成熟した産業は, アジア NIEs（香
港・韓国・シンガポール・台湾）に移転し, 続いて ASEAN4（インドネシア・マレー
シア・フィリピン・タイ）さらに中国へ, というように, 先発国から後発国へと
順番に移転するパターンが描かれる. このように, 日本に続いて, アジア諸国
が次々とキャッチアップをして工業化を進め, より付加価値の高い産業部門へ
と展開する. これは, 20世紀後半以降のアジア地域における産業構造の変化と
経済発展の典型的なパターンである.

（4）第3次産業と経済のソフト化

　近年の日本においては, 産業構造の中心にあるのは第3次産業である. そも
そも, 第3次産業とは, 第1次産業および第2次産業のいずれにも含まれない
すべての部門を包括した産業として定義されている. したがって, その内容は

非常に雑多であるが，やはり「サービス産業」がその中心となる．経済が成熟するにしたがって，実際にモノを生産する部門は海外に移転し，日本国内における企業活動の中心は，生産活動の管理・サポート部門へと変化していった．そうした部門は，より高度な専門知識や技能を持ち合わせた労働力を必要とする．いわゆる「ホワイトカラー」と呼ばれる人材である．このようにして，第3次産業が日本の中心的な産業となっていった．

　さらに，近年では従来の有形の「モノ」の生産に加えて，無形の「サービス」の生産への需要が高まっている．ただし，第3次産業の多様化，複雑化が進む中で，第3次産業＝サービス産業という単純な図式では表せなくなっている．そこで，近年は「ソフトウェア（ソフト）」という用語が使われることが多い．ソフトとは，単にサービスだけでなく，知識や情報といった概念も包括する．このように，産業の高度化と経済のソフト化の間には強い関連性があると言える．

第 4 節　産業と技術革新

（1）経済成長と産業

　経済成長とは，企業の産み出す付加価値がより高度化することであり，持続可能な経済活動の源泉であると言える．経済成長の要因としては，生産投入量（資本や労働等）の増加および技術進歩を挙げることができる．生産要素に関しては，例えば工場での生産を考えたときに，使用する機械（資本）を増やせば生産量も上昇する．同様に，工場の雇用労働者数を増やせば，生産量は上昇する．一方で，技術に関しては，生産に関する技術の進歩によって生産量が上昇するということである．工場の生産設備をより高性能なものに更新することにより，同じ生産投入量であっても，従来よりも生産量を増加させることができる．このように，技術進歩は経済成長のエンジンであるという見方が一般的である．オーストリア人の経済学者であるヨーゼフ・シュンペーターは，「創造

的破壊」という言葉を用いて,「技術革新＝イノベーション」が従来の経済や社会の構造を大きく変化させることを表現した.

　とりわけ,人類は「産業革命」と呼ばれる,従来の経済や産業のあり方を一変させるようなドラスティックな技術革新を何度か経験してきた.これは,一般的に「産業革命」という言葉で表現される.世界で初めての産業革命(第1次産業革命)は,17世紀のイギリスで起こった生産活動における蒸気機関の導入である.蒸気機関を用いることにより,繊維産業をはじめとする軽工業の機械化・動力化が進んだ.これにより,従来の人力での作業に比べて,生産効率は格段に上昇した.

　19世紀から20世紀にかけては,電力の普及により重工業の発展がみられた.特に有名な例としては,アメリカのフォード社が産み出した,ライン生産システムを挙げることができる.また,フレデリック・W・テイラーによって確立した「科学的管理法」によって,より効率的に生産現場を管理する手法が導入された.このような生産システムが革新することにより,現代に続く大量生産システムが確立した.これは,第2次産業革命と呼ばれている.このようなイノベーションよって,20世紀後半から現代に至る産業の基盤が完成したと言える.

　なお,こうしたイノベーションを支えているのが,「研究開発(R&D)」である.研究開発をとおして,新しい技術や商品の開発が促される.すなわち,研究開発の成果の蓄積が経済成長の原動力となる.こうした研究開発に関しては短期的な成果は出にくく,長期の展望が必要となる.以下,図7-5では2002年以降の日本における GDP に占める研究開発費の変化を示した.

　日本の場合,約7割の研究費が企業部門で支出されている.2010年代においては,研究開発の対 GDP 比はやや低下傾向にある.近年,日本の技術力の低下が指摘される中,国際競争力を維持するための十分な研究開発費を確保することが大きな課題となっている.

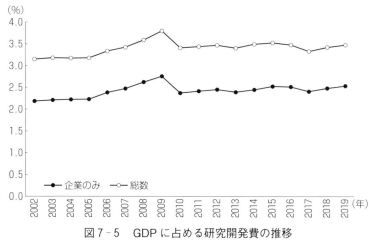

図7‑5　GDP に占める研究開発費の推移

（出所）総務省『科学技術調査』および内閣府『国民経済計算』より筆者作成.

（2）ICT と現代社会

　我々は，21世紀に入って，IT（Information Technology）革命を経験すること
になる．IT 化はいわゆる「情報化社会」の幕開けであり，これまでの産業革
命に匹敵するようなイノベーションを経済や社会にもたらした．IT 革命に
よって，インターネットに代表される情報ネットワークをとおして我々の社会
が結び付けられるようになった．近年では，IT に替わって ICT（Information
and Communication Technology）という言葉が多用されている．ICT では，とり
わけ「通信ネットワークによるコミュニケーション」という要素が重視される
ようになった.

　現代社会は，こうした ICT の上に成り立っていると言っても過言ではない.
人々はスマートフォンを持ち歩き，職場や学校では 1 人 1 台以上のパソコンや
タブレットを用いて仕事や勉強に取り組んでいる．また，我々は，日々の情報
をインターネットで収集して，必要なものをネットショッピングで購入し，遠
方のビジネスパーソンとはリモートでミーティングを行う.

　ビジネスの世界に目を向けると，IT 革命の直後には，雨の後の筍のように

数多くの IT ベンチャー企業が現れた．こうした IT ブームは，2000年代前半に IT バブルを引き起こしたが，大半の IT ベンチャー企業はバブルの終焉とともに淘汰されていった．

　一方で，このような状況下で着実に成長を遂げてきたのが，"GAFA" と呼ばれる，現代の世界の ICT 産業を牽引する企業グループである．GAFA とは，Google，Apple，Facebook，Amazon のという 4 つの企業の頭文字である．これらの企業は，アメリカ西海岸を拠点として，革新的なアイデアと経営戦略を持った創業者が 1 代で築き上げた，という共通点がある．また，いずれの企業も2021年時点において企業年齢が50年に満たないという，若さあふれる企業であると言える．GAFA の台頭で，いわゆる「プラットフォーム」というビジネスモデルが誕生することになった．

　こうした，GAFA を追随するのが中国企業である．特に近年は，"BATH" と呼ばれる企業グループが注目を集めている．BATH とは Baidu（百度），Alibaba（阿里巴巴），Tencent（騰訊），Huawei（華為）という中国を代表する ICT 企業の頭文字を取ったものである．中国市場においては，アメリカの ICT 企業の経済活動に規制がかけられている関係で，中国の ICT 企業は巨大な中国市場を独占し，成長を遂げてきた．

　一方で，日本において ICT ビジネスはどのような状況なのだろうか．世界的にみると，残念ながら日本企業の存在感は薄いと言わざるを得ない．図 7-6 には，日米間の ICT 投資額の変化を示した．2000年代以降，アメリカの ICT 投資額は飛躍的に増加しているのに対して，日本の ICT 投資額はそれほど伸びていないことが理解できる．現実に，日本社会における ICT の普及やデジタル化が国際水準と比較して大きく遅れていることも指摘されており，諸外国との格差が大きな課題となっている[5]．

（3）AI 産業と Society5.0

　ここ最近，AI という言葉を耳にする機会が増えている．AI とは，Artificial

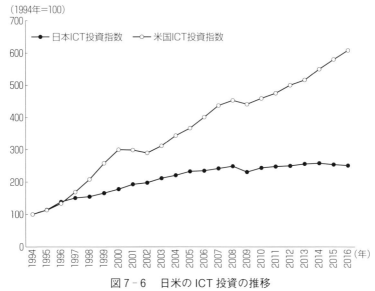

（1994年=100）

図7‑6　日米の ICT 投資の推移

（出所）総務省『情報通信白書平成30年度版』.

Intelligence，すなわち人工知能の略語である．近年の研究成果によって，実社会において AI が導入される場面は急速に増加している．とりわけ，労働市場においては，従来はマンパワーを必要としていた職種においても，ICT 技術と AI 技術の融合によって，自動化・無人化されるケースが多くみられる．このような，ビジネスの場面における省人化によって，人件費の大幅な削減が実現される．すなわち，いち早く AI 技術を導入した企業は，さまざまな分野において市場競争力を持つことになる．

　ここで，AI 産業でのイニシアチブを握る上で重要となるのが「情報」である．AI 技術の基本は，蓄積されたビッグデータのディープラーニングによって発展する．すなわち，これまで膨大な情報とデータを蓄積してきた IT 企業が優位性を発揮でいるフィールドになると考えられる．そのような観点から，アメリカの GAFA はこの分野で大きくリードしていると言えよう．同時に，近年，AI 産業に積極的な投資をしているのが中国である．こうした状況下に

おいて，日本はどのような戦略を描いているのであろうか．内閣府は，第 5 期
科学技術基本計画において，Society5.0 という社会像を提唱した．その内容
としては，社会の発展段階を，狩猟社会（Society1.0），農耕社会（Society2.0），
工業社会（Society3.0），情報社会（Society4.0），そしてサイバー（仮想）空間と
フィジカル（現実）空間を高度に融合させた，人間中心の社会を Society5.0と
定義しており，日本の目指すべき未来像として提示している．この中では，
ビッグデータをベースに，AI 技術と人間の生活が融合した社会がイメージさ
れている．

　しかしながら，研究開発関連の支出の減少と専門的な技術者の育成が遅れて
いるのが現状である．技術革新と産業発展には，長期的かつ戦略的な視点での
人材育成と研究開発投資が必要と言える．

注
1 ）　有限会社については，2006年 5 月 1 日の会社法改正により，新規に設立することは
　　できなくなっている．
2 ）　「売り手独占」に対して，買い手が少数の「買い手独占」というケースも存在する．
　　例えば，特定企業の下請け会社などの例が挙げられる．こうした「買い手独占」につ
　　いても，市場競争の観点からは望ましい状態ではないと言える．
3 ）　日本においては，さまざまな要因で行政によって参入規制が制限されている産業も
　　少なくない．こうした産業を「規制産業」と定義している．規制産業の場合，活発な
　　市場競争が行われないケースが多い．
4 ）　例えば，日本においては，経済産業省によって「日本標準産業分類」という細かな
　　定義がされている．
5 ）　国際経営開発研究所（IMB）が公表する「世界競争力年鑑（World Competitiveness
　　Yearbook）」によると，2021年の日本の「デジタル競争力ランキング」は63ヵ国・地
　　域中，27位となっている（https://worldcompetitiveness.imd.org/Copyright?return
　　Url=%2F/, 2021年10月 1 日閲覧）．

第8章

国際経済

第❶節　国際経済への導入

　現代における我々の日々の暮らしの中で，海外との関係を無視することは難しい．我々は，海外で生産された財やサービスに囲まれて生活をしている．また，労働や消費，生産といった経済活動のさまざまな側面を考えてみても，いずれも日本国内で完結しておらず，絶えず国際経済と連動していることは容易に理解できる．このように，我々の周りには世界につながる経済システムが存在している．すなわち，日本経済を理解するためには，国際経済の動きを把握ことが必要不可欠となる．本章では，こうした国際経済のしくみの概要について理解しながら，日本を取り巻く経済情勢についても考察を深めたい．

　はじめに，日本経済の国際化を考える上で重要な要素として，「内需」と「外需」という概念がある．内需とは，GDP に占める国内需要の部分であり，外需とは海外の需要である．これらの指標を見ることによって，一国の経済がどの程度，海外に依存しているのかを理解することができる．日本は，諸外国に比べて外需依存度が低いと言われてきたが，長期的に見ると上昇傾向にある．図 8-1 には，日本の GDP に対する輸出額の割合を示す輸出依存度と，外需（GDP に占める純輸出額の割合）の変化を示した．例えば，GDP に対する輸出の割合を示す輸出依存度は，2000年時点では約10％程度であったが，2018年時点で18％に上昇している．近年は，経済のグローバル化の進展によって，海外との経済的結びつきが強まりつつあると言える．

　国際経済のしくみを理解するためには，国と国との経済関係を詳しく見ていくことが重要となる．国と国との間では，さまざまな要素が取引されているが，本章で特にフォーカスするのは，以下の2つの要素である．1つは，「財やサービス」の移動である．これは，「貿易」という側面からとらえることができる．貿易という言葉を聞くと，我々は有形の財の取引をイメージしがちであるが，近年は無形のサービス貿易の割合が高まっている．一方で，貿易と表裏

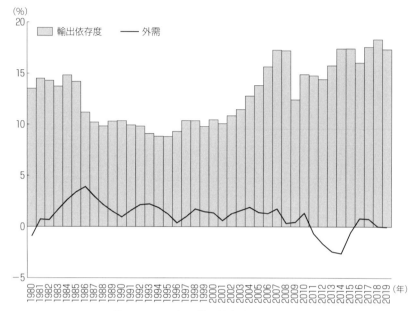

図8‑1　日本の輸出依存度および外需

（出所）内閣府『国民経済計算年次推計』.

一体でとらえられるのが「資本」，すなわち国を跨いだお金の移動である．これらの資本移動については，国際金融の動きを表している．とりわけ，企業活動の海外展開を考える上では，こうした資本の国際移動の動きを理解することが必要不可欠となる．

　さらに，国際経済の動きを考える上で重要な概念が「外国為替制度」である．国際経済取引を支えているのが国際通貨制度であるが，為替相場の変動が各国の経済活動にどのような影響を与えるのかを考えることも重要となる．以下，貿易・資本移動および為替制度について理解を深め，国際経済をめぐる諸問題および日本の立ち位置について考えてみたい．

第 2 節　貿易と直接投資

(1) 貿易の基礎知識

　貿易とは，国と国とを跨いだ財やサービスの取引である．貿易は，その形態によっていくつかの種類にカテゴライズすることができる．最もオーソドックスな形態の貿易システムが「産業間貿易」である．産業間貿易は「垂直貿易」とも言われており，異なる産業の財の貿易を行うパターンである．

　こうした産業間貿易については，伝統的には「比較優位」という概念で説明がされてきた．そもそも，各国はフルセットの産業を持ち合わせてはおらず，限られた生産要素を用いて，経済活動を行っている．そこで，各国は他国と比較した時に優位性を発揮できる産業部門を必ず持っているとされている．これが比較優位の考え方である．各国は，それぞれ比較優位を持つ産業に特化して輸出を行い，それ以外の部門においては，他国からの輸入に依存する．すなわち，それぞれの国が国際的に得意とする産業を持っており，それらの産業に特化することにより，世界全体の経済厚生が高まる，というものである．具体的には，「南北貿易」と呼ばれる発展途上国が農産物などの一次産品を輸出し，先進国が工業製品を輸出するといったケースは，比較優位に基づいた典型的な産業間貿易の形態であると言える．

　しかしながら，現代における貿易のメカニズムは複雑化しており，こうした比較優位構造だけで説明することは難しくなっている．現代の貿易の典型的なスタイルが，「産業内貿易」もしくは「水平貿易」という形態である．これは同種の財を互いに輸出し合う貿易パターンである．例えば，日本とヨーロッパの間の貿易を考えると，両国とも自国の電子部品や機械など技術集約的な製品を互いに貿易している．近年，こうした産業内貿易が拡大している．

　ここでキーワードとなるのが，財の多様化である．経済活動が高度化するに従って，このように財の種類が増え，消費者の選択した広がることになる．こ

表 8 - 1　日本の貿易構造 (2019年, 品目別)

	輸　　出		輸　　入	
	輸出額（億円）	割　合	輸入額（億円）	割　合
最終財	3,053	41%	2,643	39%
中間財	4,320	58%	2,772	40%
原材料	76	1%	1,437	21%

（出所）独立行政法人産業経済研究所『RIETI-TED』より筆者作成.

うした財の多様化は消費者の効用を高めるとされている.

　さらに，現代の貿易においては，「産業内垂直貿易」のシェアが拡大してい
る．これは，いわゆる中間財と呼ばれる生産過程の途中にある財，いわゆる中
間生産物を貿易するスタイルである．近年，産業の高度化に従って生産工程が
複雑になり，国境を跨いだ生産プロセスが展開されるケースが見られる．これ
は，グローバル・バリューチェーンやグローバル・サプライチェーンと呼ばれ
ており，1つの財の生産工程が複数国に展開されているパターンである．**表8
-1**には，貿易における財の種類を示している.

　ここから，最終財と言われる，我々が直接購入する財の割合よりも，中間財
などの割合が非常に高いことが理解できよう.

（2）日本の貿易構造

　日本の貿易構造にはどのような特徴があるのか．かつては，「加工立国」と
呼ばれた．そもそも日本は，天然資源に乏しい国である．そのため，原材料や
エネルギー資源に関しては，ほぼ輸入に頼ってきた．そして，それらの原材料
を国内で加工し，完成品を輸出するという貿易構造が基本であった.

　図8-2では1950年からの日本の貿易規模と貿易収支について示した．貿易
収支とは，輸出額から輸入額を差し引いたもので，プラスの値を取れば貿易黒
字，マイナスの値を取れば貿易赤字ということになる．この図から，日本の総
貿易額がコンスタントに増加していることが理解できる．また，貿易収支に注

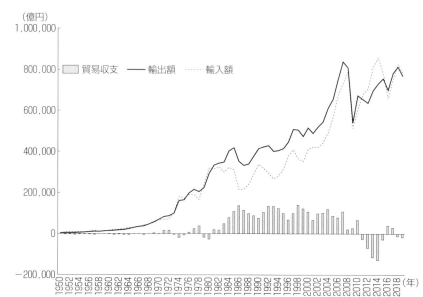

図 8 - 2　日本の貿易額および貿易収支の推移

（出所）財務省『財務省貿易統計』．

目すると，2010年代に入るまでは貿易黒字の状態が続いてきた．戦後，日本経済の成長はこうした活発な輸出と安定的な貿易黒字に支えられてきた側面もある．しかしながら，2010年代以降では，貿易黒字の額が減少し，貿易赤字が目立つようになってきた．この要因についてはさまざまな解釈が可能であるが，大きな傾向としては，国内の生産拠点が海外に移転していることが影響していると考えられる．すなわち，先に述べたグローバル・バリューチェーンと国際分業が進展している，ということである．

　もう少し日本の貿易構造について詳しく見てみたい．**表 8 - 2および表 8 - 3**には日本の貿易相手国を示した．ここで注目すべきは，中国の存在である．かつて，日本の貿易相手国といえば，アメリカが輸出，輸入共に第 1 位であったが，輸入に関しては，2000年代初頭から中国が第 1 位となっている．また，輸出に関しても，2010年代以降はほぼアメリカと同じ水準となっている．日本企

表 8 - 2 日本の主要貿易相手国（輸出）

		2000年			2010年			2019年		
	輸出相手国	輸出額(億円)	シェア(%)	輸出相手国	輸出額(億円)	シェア(%)	輸出相手国	輸出額(億円)	シェア(%)
1位	アメリカ	153,559	29.7	中 国	130,856	19.4	アメリカ	152,545	19.8
2位	台 湾	38,740	7.5	アメリカ	103,740	15.4	中 国	146,819	19.1
3位	韓 国	38,740	7.5	韓 国	54,602	8.1	韓 国	50,438	6.6
4位	中 国	32,744	6.3	台 湾	45,942	6.8	台 湾	46,885	6.1
5位	香 港	29,297	5.7	香 港	37,048	5.5	香 港	36,654	4.8
6位	シンガポール	22,439	4.3	タ イ	29,937	4.4	タ イ	32,906	4.3
7位	ドイツ	21,552	4.2	シンガポール	22,091	3.3	ドイツ	22,051	2.9
8位	イギリス	15,984	3.1	ドイツ	17,766	2.6	シンガポール	21,988	2.9
9位	マレーシア	14,966	2.9	マレーシア	15,446	2.3	ベトナム	17,971	2.3
10位	タ イ	14,694	2.8	オランダ	14,305	2.1	オーストラリア	15,798	2.1
	その他	133,827	25.9	その他	202,263	30.0	その他	225,262	29.3
	全 体	516,542	100.0	全 体	673,996	100.0	全 体	769,317	100.0

（出所）財務省「財務省貿易統計」．

表 8 - 3 日本の主要貿易相手国（輸入）

		2000年			2010年			2019年		
	輸入相手国	輸入額(億円)	シェア(%)	輸入相手国	輸入額(億円)	シェア(%)	輸入相手国	輸入額(億円)	シェア(%)
1位	アメリカ	77,789	19.0	中 国	134,130	22.1	中 国	184,537	23.5
2位	中 国	59,414	14.5	アメリカ	59,114	9.7	アメリカ	86,402	11.0
3位	韓 国	22,047	5.4	オーストラリア	39,482	6.5	オーストラリア	49,576	6.3
4位	台 湾	19,302	4.7	サウジアラビア	31,494	5.2	韓 国	32,271	4.1
5位	インドネシア	17,662	4.3	アラブ首長国連邦	25,688	4.2	サウジアラビア	30,158	3.8
6位	アラブ首長国連邦	15,996	3.9	韓 国	25,040	4.1	台 湾	29,276	3.7
7位	オーストラリア	15,959	3.9	インドネシア	24,762	4.1	アラブ首長国連邦	28,555	3.6
8位	マレーシア	15,627	3.8	台 湾	20,246	3.3	タ イ	27,651	3.5
9位	サウジアラビア	15,313	3.7	マレーシア	19,874	3.3	ドイツ	27,226	3.5
10位	ドイツ	13,719	3.4	カタール	19,040	3.1	ベトナム	24,509	3.1
	その他	136,556	33.4	その他	208,780	34.4	その他	265,834	33.8
	全 体	409,384	100.1	全 体	607,650	100.0	全 体	785,995	100.0

（出所）財務省「財務省貿易統計」．

業は，地理的・歴史的関係から，伝統的に中国市場を重視してきたが，近年は中国経済の急激な成長も影響して，その依存度がさらに高まっている．とりわけ，中国経済の成長は，国民所得の上昇をもたらし，国内に新たな購買層を産み出しつつある．このように，かつては「世界の工場」と呼ばれた中国であるが，「世界の消費市場」へと転換しつつあると言える．その他，輸出・輸入相手国の上位には，伝統的に東アジア・東南アジア諸国がランクインしている．2019年時点においては，日本の総輸出に占めるアジア向け輸出の割合は53.7%，また日本の総輸入に占めるアジアからの輸入割合は47.6%となっている．このような，日本とアジア諸国との貿易関係については，アジア域内におけるグローバル・バリューチェーンが大きく影響していると考えられる．

　一方で，輸出相手国と輸入相手国を比較すると様相が少し異なってくる．輸入相手国の場合，サウジアラビアやアラブ首長国連邦といった中東諸国との関係が目立っている．これは，原油の輸入によるものである．また，オーストラリアについても常に重要な輸入相手国となっているが，これについても天然資源などの一次産品の輸入による影響が大きい．

　次に，表8-4および表8-5には日本の主要な輸出品目および輸入品目を示した．輸出品に関しては，輸出総額に占める自動車の割合が最も高いが，その他の主要な品目を見てみると，最終消費財ではなく，業務用品や部品等のいわゆる中間財の割合が高いことが理解できる．一方で，主な輸入品目に関しては，やはり原油の割合が最も高い．また，半導体等電子部品や科学光学機器など，輸出品目と輸入品目の双方で上位にランクインしている品目もあり，産業内垂直貿易のインパクトを象徴していると言える．

　このように，日本の貿易構造については，「加工貿易」，「産業内垂直貿易」，「グローバル・バリューチェーン」というキーワードで読み解くことができる．

（3）企業活動のグローバル化と直接投資

　経済活動のグローバル化については，これまで見てきたような貿易による

表 8 - 4　日本の主要貿易品目（輸出）

	品　目	2000年 貿易額(単位：億円)	2000年 シェア(%)	品　目	2010年 貿易額(単位：億円)	2010年 シェア(%)	品　目	2019年 貿易額(単位：億円)	2019年 シェア(%)
1位	自動車	69,301	13.4	自動車	91,741	13.61	自動車	119,712	15.56
2位	半導体等電子部品	45,758	8.9	半導体等電子部品	41,528	6.16	半導体等電子部品	40,060	5.21
3位	科学光学機器	26,257	5.1	鉄　鋼	36,754	5.45	自動車の部分品	36,017	4.68
4位	自動車の部分品	18,642	3.6	自動車の部分品	30,833	4.57	鉄　鋼	30,740	4.00
5位	原動機	16,355	3.2	プラスチック	23,360	3.47	原動機	27,279	3.55
6位	電算機類(含周辺機器)	16,006	3.1	原動機	23,275	3.45	半導体等製造装置	24,670	3.21
7位	鉄　鋼	16,003	3.1	船　舶	22,423	3.33	プラスチック	24,297	3.16
8位	電気回路等の機器	14,364	2.8	科学光学機器	20,135	2.99	科学光学機器	21,297	2.77
9位	映像機器	13,945	2.7	有機化合物	18,728	2.78	有機化合物	19,071	2.48
10位	電算機器類の部分品	13,698	2.7	電気回路等の機器	17,480	2.59	電気回路等の機器	18,151	2.36
	その他	266,213	51.5	その他	347,739	51.59	その他	408,023	53.04
	全　体	516,542	100.0	全　体	673,996	100.00	全　体	769,317	100.00

（出所）財務省『財務省貿易統計』.

表 8 - 5　日本の主要貿易品目（輸入）

	品　目	2000年 貿易額(単位：億円)	2000年 シェア(%)	品　目	2010年 貿易額(単位：億円)	2010年 シェア(%)	品　目	2019年 貿易額(単位：億円)	2019年 シェア(%)
1位	原粗油	48,189	11.8	原粗油	94,059	15.5	原粗油	79,960	10.2
2位	半導体等電子部品	21,399	5.2	液化天然ガス	34,718	5.7	液化天然ガス	43,498	5.5
3位	衣類・同付属品	21,154	5.2	衣類・同付属品	23,282	3.8	衣類・同付属品	32,045	4.1
4位	電算機類(含周辺機器)	18,826	4.6	半導体等電子部品	21,360	3.5	医薬品	30,919	3.9
5位	魚介類	16,510	4.0	石　炭	21,107	3.5	通信機器	28,643	3.6
6位	音響映像機器(含部品)	14,055	3.4	音響映像機器(含部品)	16,270	2.7	半導体等電子部品	25,814	3.3
7位	非鉄金属	11,705	2.9	非鉄金属	16,062	2.6	石　炭	25,282	3.2
8位	石油製品	9,757	2.4	石油製品	15,929	2.6	電算機類(含周辺機器)	22,108	2.8
9位	科学光学機器	9,579	2.3	電算機類(含周辺機器)	15,480	2.5	科学光学機器	18,179	2.3
10位	石油製品	9,532	2.3	医薬品	15,226	2.5	非鉄金属	17,502	2.2
	その他	228,678	55.9	その他	418,811	68.9	その他	462,045	58.8
	全　体	409,384	100.0	全　体	607,650	100.0	全　体	785,995	100.0

（出所）財務省『財務省貿易統計』.

財・サービスの取引という側面に加えて，お金が国境を超えて海外に移動する国際間の資本移動としてとらえることができる．国際経済学では，こうした国境を超えた資本の移動を，「投資」という形で表現している．

　国境を超えた資本移動については，大きく分けて，「間接投資」と「直接投資」の 2 つに区分することができる．間接投資とは証券投資とも呼ばれており，資産形成を目的とした投資である．具体的には，資産を海外の証券等で運用し，その利益（利子や配当，キャピタル・ゲインなど）を得ることを目的として行われる．

　一方で，直接投資は，企業が海外での活動拠点（生産，販売，研究など）を設置するために行う投資である．すなわち，直接投資は企業の海外戦略と関連した経済活動であると言える．貿易による取引と比較しても，直接投資を行うことによって，より深く密接に，海外での経済活動に関わることができる．こうした，直接投資の増加は，経済のグローバル化を象徴するような現象としてとらえることができよう．

　ただし，企業にとって直接投資を行うことによって多大な費用を負担することになり，また本国と違った法律や制度，商慣習を持つ国や地域に進出することはリスクとなり得る．こうした，海外市場に進出することによるリスクを「カントリー・リスク」と呼んでいる．

　しかしながら，直接投資を行うことによって，企業はこうした費用やリスクと比較しても多くの便益を得ることができる．まず，国際競争面でのメリットである．相対的に人件費など生産コストの安い発展途上国に生産拠点を持つ企業は，価格面において優位性を持つことができるようになる．また，販売面においても，現地に拠点を設置することによって，より効率的なマーケティング活動を行うことができるようになる．その他，海外に進出することによって，その国・地域のさまざまな生産要素へ容易にアクセスすることができるようになるというメリットも考えられる．

　とりわけ，近年は先に説明したグローバル・バリューチェーンの発展により，

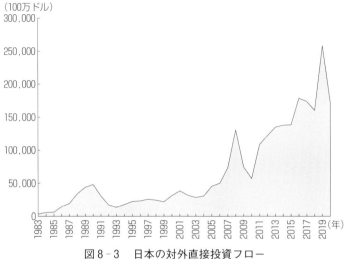

（100万ドル）

図 8 - 3　日本の対外直接投資フロー

（出所）日本貿易振興機構『直接投資統計』.

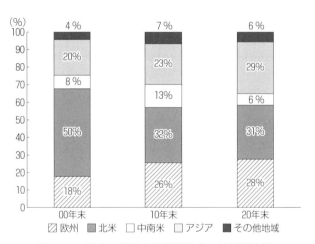

図 8 - 4　日本の対外直接投資残高の地域別内訳

（出所）日本貿易振興機構『直接投資統計』.

こうした直接投資による企業の海外進出はより活発になっている．図8‑3では，日本の直接投資額（フロー額）の推移を示した．ここから，日本から海外への直接投資のフローは増加傾向にあるが，特に2000年代以降の成長が目覚ましい．

　次に，日系企業の進出先であるが，図8‑4では，地域別の日本の直接投資額の残高を示した．この図からは，北米地域が日系企業の主要な進出先となっていることが理解できるが，特にアジア地域のシェアが高まっていることがわかる．従来，多くの日系企業は安価な生産コストを求めてアジア地域に進出していたが，近年は経済成長が著しいアジア市場への参入やアジア域内でのグローバル・バリューチェーンの構築も大きな進出の目的となっている．

第3節　国際収支と外国為替市場

（1）国際収支表について

　2節で見たとおり，日本と海外とのつながりを考える上では，財やサービス，金融資本などの国境を超えた経済取引について動きを注意深く見ていく必要がある．こうした，日本と海外との経済取引についての情報は「国際収支表」に集約されている．国際収支表とは，基本的に海外との経済取引を複式簿記の形式で記録したものである．ここでは，国際収支表を見ながら，国際資本移動のしくみについて考えてみたい．日本の国際収支表については，表8‑6に示した[1]．

　まず，大きな項目に関しては，「経常収支」，「資本移転等収支」，「金融収支」の3項目に分けることができる．はじめに，「経常収支」は，海外取引の収入と支出のバランスを示したものであり，細かな項目として，「貿易・サービス収支」，「第1次所得収支」，「第2次所得収支」に区分することができる．「貿易・サービス収支」は，さらに貿易取引に関する収支である．「第1次所得収支」は，国内居住者が海外に所有する金融債権・債務から得られる所得収入

表8‐6　日本の国際収支表（2020年）

（単位：億円）

経常収支				158,790
	貿易・サービス収支			−7,250
		貿易収支		30,106
			輸出	673,701
			輸入	643,595
		サービス収支		−37,357
	第1次所得収支			191,532
	第2次所得収支			−25,492
資本移転収支				−1,842
金融収支				137,395
	直接投資			96,033
	間接投資			42,339
	金融派生商品			8,662
	その他投資			−21,618
	外貨準備			11,980
誤差脱漏				−19,551

（出所）財務省ウェブサイト（https://www.mof.go.jp/policy/international_policy/reference/balance_of_payments/bpnet.htm/, 2021年12月15日閲覧）.

（利子や配当など）に関する収支であり，例えば，海外での債権や証券の運用による所得収入がこれに含まれる．「第2次所得収支」は，国内居住者と非居住者の間の，資金援助協力などの対価の伴わない資産移動に関する収支である．主に，海外への資金の無償援助協力などの国際協力に関わる項目がこれに含まれる．

　「資本等移転収支」とは，対価の伴わない固定資産の提供や債務の免除に関する収支であり，例えば公的部門による発展途上国へのインフラ設備などの無償提供など，資本財の提供がこれに含まれる．

　「金融収支」は，金融取引を目的とした資本移動に関する収支である．細かな内容としては，「直接投資」，「間接投資」，「金融派生商品」，「その他投資」

といった金融に関する項目に加えて，外貨準備の増減についてもこの項目に含まれる．

　最終的に，上記の項目で発生した金額の差額については，「誤差脱漏」とう項目で調整される．

　なお，国際収支表については，以下の恒等式が成り立つ．

$$経常収支 + 資本移転等収支 - 金融収支 - 誤差脱漏 = 0$$

　このように，国際収支表をみることによって，日本と海外との経済取引の概要を理解することができる．

（2）為替制度の概要

　国際経済のしくみを考える上で，重要な要素の1つとなるのが「為替」の問題である．基本的に，主権国家は通貨発行権を持っており，各国の国内市場で独自の通貨を流通させている．しかしながら，海外との経済取引を行う際には，相手国との共通の決済手段が必要である．すなわち，国際決済には，通貨の交換が不可欠となる．このような時に通貨の交換が行われるのが「外国為替市場」である．

　現在，世界全体では，約180種類の通貨が流通しているとされている．こうした中で，全ての通貨とのしくみを考えると，非常に複雑なものになるのは容易に想像できよう．そこで重要となるのが「基軸通貨」の概念である．基軸通貨とは，国際通貨の中でも，特に中心的な地位を占めている通貨のことである．基軸通貨は，貿易や国際金融の決済手段として，世界中で広く使用されている通貨であり，現代では米ドルがその役割を担っている[2]．こうした，基軸通貨を用いることによって，為替のしくみを簡素化することができる．為替制度は，大きく分けて，特定の通貨（安定的な通貨）に交換レートが固定されている「固定相場制」と，状況に応じて，常に交換レートが変動する「変動相場制」に2種類がある[3]．日本の場合は，変動相場制を採用している．

　固定相場制の特徴としては，特定の基軸通貨（多くの場合が米ドル）と交換レートが固定されており，為替変動による経済取引のリスクが少ない．一方で，自国の金融政策の裁量は制限されることになる．変動相場制の場合は，自国の実体経済の状況を反映して為替レートが変動するために，国際収支のバランスが安定しやすいという特徴がある．また，為替変動によってマクロ経済が調整され，自由な金融政策を行うことができるようになる．一方で，為替変動による実体経済への影響が大きくなるという問題も抱えている．世界全体を見渡してみると，経済の規模が大きく，かつ安定している国が変動相場制を採用しているケースが多い．

（3）為替相場のしくみ

　ここでは，変動相場制に焦点を合わせて，為替相場の決定のしくみについて考えてみたい．先にも述べたとおり，変動相場制の場合は，常に為替レートは変動している．こうした為替レートの変動は，各通貨の需要と供給の関係を反映しているとされている．特に，通貨の需要が高まっている状況は「通貨高」，通貨の需要が減少している状況は「通貨安」と呼ばれている．通貨高・通貨安は，為替市場における当該通貨の価値を表していると言える．

　それでは，実体経済における通貨高・通貨安の事例について考えてみたい．ここでは，円と米ドル（以下，ドルと表記）の為替レートを取り上げる．ある日の円/ドル為替レートが1ドル＝100円だったとしよう．この状態から，為替レートが変動し，1ドル＝90円となった場合，「円高が進んだ」と言える．一方で，1ドル＝110円になった時は，「円安が進んだ」ということになる．もう少し詳しく説明すると，1ドル＝100円の時，100円の価値は1ドルと等価である．一方で，1ドル＝90円となった時は，100円の価値が0.91ドルと等価となる（1/90×100）．すなわち，ドルで測った円の価値が増価していることがわかる．一方で，1ドル＝110円となった時は，100円の価値は約0.91ドルと等価となり（1/110×100），円の価値が減価していることになる．このように，通貨

高・通貨安とは，当該通貨を相手国の通貨の価値で測った時の相対的な価値の変化を表している．

　それでは，為替レートの変動は，実体経済にどのような影響を与えるのか．一般的に，通貨高になると自国通貨の価値が外貨に比べて高くなるために，国際市場においては自国通貨建ての価格は相対的に安くなる．また，通貨安の場合は，これとは反対に自国の通貨の価値が外貨に比べて低くなるために，国際市場における自国通貨建ての価格は相対的に安くなる．

　こうした，為替レートの変動は，経済や貿易に影響を与える．例えば，円高が進めば日本国内における外国製品の価格は安くなり，日本製品の価格は国際市場で高くなる．すなわち，国内の輸入業者や消費者にとってみれば，安く輸入品を購入することができるというメリットがある．一方で，輸出業者にとってみれば，円高は国際市場における実質的な日本製品の値上げになるために，外国企業との競争においては不利になる．なお，円安の場合はこれとは正反対の現象が起きる．

（4）為替レートの決定要因

短期的要因

　それでは，為替レートはどのようにして決まるのか．基本的には，為替市場における通貨の需給バランスによって為替レートが決定するとされている．それでは，具体的にはどのような要因が為替レートの決定に影響を与えているのか．それにはいくつかの要因が考えられる．かつては，対外取引（貿易）によって通貨需要が発生するという説明がされてきた．例えば，海外から日本への輸入量が増加すれば，ドル決済の必要性からドルへの需要が高まる．一方で，日本から海外への輸出が増加すれば，円決済の機会が増えるために，必然的に円の需要が高まる．こうした，貿易による為替レートへの影響の説明は「フロー・アプローチ」と呼ばれている．

　一方で，近年はこうした貿易取引による動機よりも金融取引による動機の方

が重要視されている．そこでよく用いられるのが，「金利平価条件」である．
ここで，金融資産を，日本での運用とアメリカでの運用の二者択一で考えてみ
たい．基本的に，金融資産の利回りは，各国の金利水準によって決定される．
ここで，日本よりもアメリカの方が金融資産の利回りが高ければ，日本からア
メリカへの資本移動が発生する．すなわち，ドルの需要が高まることになる．
こうした，日米間の金利差による資本移動は，利回りが平準化（日本，アメリカ
どちらで資産を運用しても利回りが同じ状況：金利裁定）になるまで続く．このような
金融的要因による為替レートへの影響の説明は，「アセット・アプローチ」と
呼ばれている．かつては，国境を超えた資本移動が規制されていたために，フ
ロー・アプローチによる為替レートの説明が主流であったが，近年は経済のグ
ローバル化によって国際資本移動の自由化が進んでおり，アセット・アプロー
チによって為替レートが議論されるようになっている．

　さらに，近年は金融取引の複雑化によって，外国為替取引が金融派生商品
（デリバティブ）に含まれるようになっている．これに伴って，投機的な要因か
ら為替取引が行われることも多くなっている．こうした投機的な為替取引に
よって，為替レートが実体経済を反映していない状態，すなわちファンダメン
タルズから乖離することもあり，大きな問題となっている．

長期的要因

　こうした為替レートの変動要因について，長期的な視点から提唱されている
のが「購買力平価説」である．購買力平価説は一物一価の法則を前提としてお
り，国境を超えてもこの法則が成り立つように為替レートが調整されるとい
う考え方である．購買力平価説には，絶対的購買力平価と相対的購買力平価説
の2種類がある．

　まず，絶対的購買力平価説であるが，為替レートは最終的に国と国との購買
力の関係から決定する，という考え方である．つまり，各国の消費者の購買力
が均衡する水準で為替レートが決定する，ということである．単純な例で考え

ると，ジュース 1 杯の価格が日本では120円，アメリカでは 1 ドルだったとすると，購買力平価に基づく適正な為替レートは 1 ドル＝120円となる．

　ただし，厳密な意味で両国の物価を比較するのに適した同質的な財を見つけるのは容易ではない．そこで，購買力平価を知る手がかりとしてしばしば用いられるのが，「ビッグマック指数」である．ビッグマックは，ほぼ全世界にチェーン展開しているマクドナルドの看板メニューであり，全世界で同質性が高い商品である．ビッグマックの価格を比較すれば，各国のある程度の購買力を計測することが可能であり，適正な購買力平価を推定することができるということである．なお，ビッグマック指数は，イギリスの経済誌「エコノミスト」から公表されており，購買力平価に関する貴重な情報源となっている[4]．

　一方で，相対的購買力平価説については，2 国間のインフレ率の比率によって為替レートが決定するという考え方である．ここで，A 国と B 国のインフレ率を比較したとしよう．もし，A 国の方が B 国よりもインフレ率が高い場合，A 国の通貨は相対的に減価するために為替レートは下落することになる．こうした考え方は，理想的な為替レートを予測する時に用いられる．ただし，現実にインフレ率を測定する際に，どのようにして物価を計算するのか，またどの時点の物価を基準とするのかが重要な課題となる．

（5）日本経済と為替レート

　それでは，為替レートの変動は日本経済にどのような影響を及ぼしているのか．ここでは，円の為替レートの変動を見ながら，日本経済との関連性について議論してみたい．

　はじめに，円の為替レートを考える上で，どの指標に着目すれば良いのだろうか．まず，思い浮かぶのは，円/ドル為替レートである．日本とアメリカの経済関係の強さや，グローバル経済におけるアメリカのプレゼンスを考えれば当然であると言えよう．しかしながら，近年の経済取引の形態は複雑になってきており，単純にアメリカとの関係のみに着目していても，為替相場の実態は

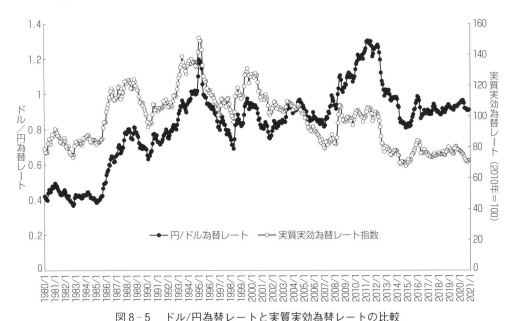

図8-5 ドル/円為替レートと実質実効為替レートの比較

(注) ドル/円為替レートについては，東京市場ドル／円スポット17時時点月平均を100円のドル交換レートに変換
　　して表示している．また，実質実効為替レートは2010年を基準（＝100）とした付き平均値である．
(出所) 日本銀行時系列統計データ検索サイト（https://www.stat-search.boj.or.jp/, 2021年10月１日閲覧）.

見えてこないこともある．そこで，より日本の対外関係を反映した為替指標と
して用いられるのが，「実効為替レート」である．実効為替レートは，日本の
貿易相手国の構成を考慮し，各国の取引割合をベースに為替レートの加重平均
を用いて算出されたものである．さらに，物価変動を差し引いたものは「実質
実効為替レート」と呼ばれている．図8-5ではドル/円為替レートと実質実効
為替レートの変動について比較してみた．大まかなトレンドは共通しているも
のの，細かな点については，両者の間で異なった動きを示していることが理解
できる．

　次に，為替レートが日本経済に与える影響について見てみたい．日本経済の
状況を知る情報としては，さまざまな指標が考えられるが，ここでは，市場経
済における日本企業の状況を直接的に示す「株価」を用いて考察する．図8-

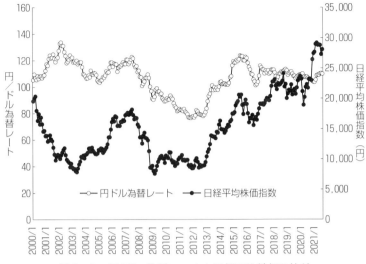

図8-6　円/ドル為替レートと日経平均株価の比較

(注) 円/ドル為替レートについては，東京市場ドル/円スポット17時時点月平均，日経平均株価指数については，終値の平均を示している．

(出所) 日本銀行時系列統計データ検索サイト (https://www.stat-search.boj.or.jp/ 2021年10月1日アクセス) および日経平均プロファイル・ダウンロードセンター (https://indexes.nikkei.co.jp/nkave/index?type=download/, 2021年10月1日閲覧).

6では，日本の株価（日経平均株価指数）と為替レートの関係について示した．

　長期的な傾向で見ると，2000年代後半から2010年代初頭にかけては円高傾向が見られた．この時期の株価を見ると，為替レートに連動して下落傾向が見られる．その後，2010年代半ば以降の為替相場は円安に転じている．これは，2012年12月に発足した第2次安倍政権の経済政策「アベノミクス」の1つである，金融緩和政策によって為替相場が円安に誘導されたことによる．また，株価についても，2010年代を通して上昇傾向にある．このように，為替相場と株価の関係には強い関係がある．とりわけ，株価指標の銘柄に含まれる日本の大企業は，海外市場への依存度が高く，円安傾向の方が国際競争で優位なポジションが得られるということが影響している．

　もっとも，円安によってこのような良い影響ばかりがもたらされるわけでは

ない．日本の場合は，原油や天然ガスなどのエネルギー資源や一次産品等を輸入に依存している．円安は，こうした輸入品の国内価格を引き上げ，結果として，企業にとっては原材料コストの上昇，消費者にとっても家計の負担が増えることになる．

第（4）節　グローバル経済の諸相

（1）グローバル経済と貿易

保護貿易と自由貿易人類の歴史を振り返ってみると，貿易は古代より世界各地で行われており，社会や文明の発展に寄与してきた．特に近代以降は交通インフラや情報網が整備されたことにより，地球規模で貿易が行われるようになった．いわゆる，グローバル経済の始まりである．現代の経済においては，国境を超えた経済的な結びつきは更に強まっており，より活発な貿易を行えるようなシステムや制度が求められている．その一方で，こうした急激なグローバル化による貿易自由化に対しては慎重であるべきという議論も存在する．

そもそも，貿易のあり方については，大きく分けて2つの考え方が存在する．1つは，貿易はできるだけオープンに行われるべき，とする「自由貿易」の立場である．自由貿易の考え方にしたがえば，政府や公的部門の役割は，できるだけ円滑に貿易が行われるようにサポートすることになる．もう1つは，貿易は国家権力によって統制される必要がある，とする「保護貿易」の立場である．例えば，江戸時代の日本は，幕府によって海外との貿易が極端に制限されていたことから，徹底した保護貿易体制であったと言うことができる．

それでは，貿易がもたらす効果にはどのようなものがあるのか．まず，貿易を行うことによるメリットであるが，グローバルな視点から考えると，貿易が始まることによって，消費者は海外から多種多様な財を，より安い価格で購入することができるようになる．企業にとってみても，海外から原材料や部品を調達することが容易になり，さらに財やサービスの輸出をとおして，広大なグ

ローバル市場でビジネスを展開することが可能になる．また，機能的なグロー
バル・バリューチェーンの構築をとおした効率的な生産活動を考えると，自由
な貿易制度は必要不可欠であると言える．一方で，貿易によって不利益を被る
部門も存在する．貿易が自由化されることは，国内企業が海外企業との激しい
競争に巻き込まれることを意味している．とりわけ，国際競争力を持たない部
門は，こうした競争の中で淘汰されることになる．こうした産業構造の変化は，
長期的には社会全体の厚生を上昇させることにつながると考えられるが，国際
競争の弊害で，国内経済の停滞や経済格差の拡大が懸念される．

（2）世界の貿易制度

　現実の経済においては，各国は保護貿易と自由貿易のそれぞれのメリットと
デメリットを踏まえつつ，バランスの取れた貿易政策を採用している．貿易政
策とは，政府や公的部門が貿易に対して行う規制のことである．貿易政策には
さまざまな手段が存在するが，世界中で広く行われているのが「関税政策」で
ある．関税とは，貿易財に対して賦課される税のことであり，通常は海外から
の輸入品に賦課される輸入税が一般的である．また，関税以外の貿易政策につ
いては，一括して「非関税障壁」と呼ばれている．非関税障壁の代表的な手段
としては，「輸入数量制限」がある．これは，輸入できる数量に制限を設けて，
国や企業に輸入枠を割り当てる方法である．また，「輸入ライセンス制度」は，
輸入を許可制にして，その権利を販売するという方法である．一方で，輸出に
関しては，自国企業に対する優遇措置を行うことによって，海外の企業に対抗
するという方法がある．代表的な例としては，輸出企業に対して金銭的な補助
を与える「輸出補助金」がある．

　こうした貿易政策は，国と国との間で利害が一致しないこともしばしばあり，
国際紛争に発展するケースも少なくない．そこで，全世界の貿易を統括する機
関として，世界貿易機関（WTO: World Trade Organisation）がある．WTO は，
さまざまな貿易に関するルールを規定し，貿易位関連した国際紛争を仲介する

機能を担っている．WTO の最終目標は，世界的な自由貿易体制の実現である．
しかしながら，各加盟国の思惑もあり，世界規模での自由貿易体制のあり方に
ついては交渉が続いている．なお，2021年時点では，WTO での自由貿易に関
する最終的な合意には至っていない．[5]

　このような WTO の自由貿易に関する議論の停滞を受けて，利害関係が一
致する国や地域の間では，自由貿易協定（FTA: Free Trade Agreement）や経済
連携協定（EPA: Economic Partnership Agreement）の締結など，独自の自由貿易
の枠組みづくりについて模索されている．

（3）グローバル経済と資本移動

　経済の自由化を考える上で，貿易の自由化と並ぶ重要なトピックが資本移動
の自由化である．特に，近年の地球規模での資本移動によって成り立つ経済は
「グローバル資本主義」と呼ばれている．

　第2節で見たとおり，企業活動のグローバル化を支えているのは，直接投資
を中心とした，国境を超えた資本移動である．特に近年は，グローバル・バ
リューチェーンの構築を考える上でも，こうした直接投資の重要性はさらに高
まっている．一方で，こうした企業活動のグローバル化に対しても，さまざま
な議論が存在する．第2節で見たとおり，直接投資は企業の海外進出とセット
になっている．つまり，直接投資の受入国の立場から考えると，国内企業が海
外の企業との直接的な競争に巻き込まれることを意味している．特に，産業基
盤が弱い発展途上国においては，海外の企業が国内市場を独占し，国内企業が
駆逐されるということが懸念されている．こうした観点から，国内産業を保護
する目的で，無条件での直接投資の受け入れには慎重な国も多い．特に，発展
途上国では海外からの直接投資の流入に対して規制がかけられるケースが見受
けられる．

　また，間接投資を中心とする短期の資本移動に関しても，多くの問題が指摘
されている．第3節で見たとおり，近年は投機目的での国際資本移動が増えて

いる．とりわけ，巨額の資産を，デリバティブを中心に世界規模で運用する，「ヘッジファンド」の存在が大きな問題となっている．こうした，短期の資本移動が加熱することにより，国際金融市場が混乱し，特に経済基盤の弱い発展途上国に大きなダメージを与えることが懸念されている．

こうした，近年のグローバル資本主義を支えているのは，アメリカを中心とした先進国である．特に先進国の大企業はグローバル資本主義を牽引し，経済自由化の恩恵を受け続けてきた．また，国際通貨基金（IMF: International Monetary Fund）などの国際機関も，積極的に経済自由化を促進してきた．こうした中で，発展途上国においても経済自由化が進められることになった．しかしながら，急激な経済自由化によって経済危機に陥った国も多く，貧困拡大への影響も指摘されている．

（4）グローバル経済と日本

それでは，こうしたグローバル経済の中で日本はどのような立ち位置にあるのか．1節で触れたとおり，日本経済の外需への依存度は高まりつつある．しかしながら，主要国と比較すると日本経済のグローバル化はまだ低い段階にあると言える．例えば，2021年現在，日本は世界第3位の経済規模を誇り，国内には巨大な市場を抱えている．このように，十分な大きさの国内市場の存在によって，日本企業が海外へと飛躍するインセンティブを持てなかったという考え方がある．しかしながら，日本はすでに人口減少時代に入っており，今後は国内市場の規模も縮小することが予想される．一方で，日本周辺のアジア地域に目を向けると，これから経済成長を遂げようとする国が多い．ダイナミックに変化するアジア地域において，日本も戦略的にこれらの地域との経済的関係を構築することが求められる．

こうした中で，日本と諸外国との間で，FTA/EPA の締結や多国間の経済関係の構築が進められている．図 8-7 には，アジア地域における地域経済協力の枠組みについて示した．この中で，とりわけ「環太平洋パートナーシップ

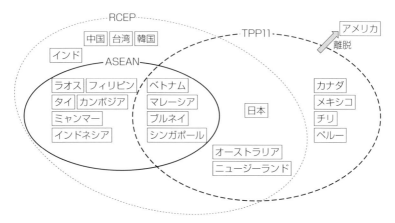

図8-7 アジア地域における主な経済連携の枠組み

（注）インドは2021年10月時点で，RCEP協定に署名していない．
（出所）外務省ウェブサイト（https://www.mofa.go.jp/mofaj/gaiko/kokueki.html/，2021年10月1日閲覧）を元に筆者作成．

に関する包括的および先進的な協定（CPTPP: Comprehensive and Progressive Agreement for Trans-Pacific Partnership，通称TPP11）」の発効は，日本のグローバル経済を考える上での大きな転換点になると言える．TPP11とは，日本を含む太平洋を取り巻く11ヵ国の間で締結された経済連携協定である．TPP11は，貿易の自由化のみならず，投資や知的財産の保護など他分野においての高い水準でのパートナーシップを求めている．そもそも，TPP11の基礎となる環太平洋パートナーシップ協定（TPP）は2005年にブルネイ，チリ，ニュージーランド，シンガポールの4ヵ国の間の交渉から始まった．日本は2013年3月にTPP交渉に参加し，アメリカが離脱の後，TPP11として2018年12月31日に発効した．TPP11の発効は日本国内の多くの企業や業界から歓迎されている．TPP11の発効によって人口規模が約5億人の巨大市場へのアクセスが容易になり，大きなビジネスチャンスを得ることができる．一方で，日本国内にはTPP11に対する否定的な意見も少なくない．特に，海外からの農産物の輸入拡大により，経営基盤の弱い日本の農業が壊滅的な打撃を受けることを危惧されている．

　また，中国との関係についても無視できない．日本と中国の経済関係は，貿易や投資など統計でみたとおり，非常に強いものになっている．日本と中国は，東アジア地域包括的経済連携（RCEP: Regional Comprehensive Economic Partnership）の枠組みで経済関係の強化を模索している．しかしながら，近年はアメリカと中国の経済対立が激化しており，両国とのつながりが深い日本としても，難しいポジションに立たされていると言える．なお，TPP11 に関しても，2021年10月現在では，アメリカ・中国共に加盟しておらず，今後の展望が不透明である．このように，複雑に変動するグローバル経済，アジア経済の現状を的確に理解することが，これからの日本経済を考える上で重要となる．

注
1 ）　国際収支表については，2014年 1 月に項目等が大きく変更され，現在の形式になっている．
2 ）　地域によっては，ユーロや英ポンドが用いられるケースもある．また，近年では人民元による取引も拡大しつつある．
3 ）　なお，現実の経済では，「クローリング・ペッグ制」，「バスケット・ペッグ制」，「管理変動相場制度」などの，固定相場制度と変動相場制度の中間的な制度が導入されているケースがある．
4 ）　ちなみに，2021年 7 月の時点におけるビッグマック指数は，日本＝390円，アメリカ＝5.65ドルとなっており，これより導き出される為替レートは 1 ドル＝69円となる．しかしながら，現実の為替レートは 1 ドル＝109円となっており，大きな乖離がある．（The Economist ウェブサイト（https://www.economist.com/big-mac-index/, 2021年10月 1 日閲覧）また，近年はスターバックスのトール・ラテの価格を基準とした「スタバ指数（トール・ラテ指数)」も公表されている．
5 ）　WTO では，2001年にドーハで開催された WTO 第 4 回閣僚会議より「ドーハ・ラウンド（ドーハ開発アジェンダ)」が開始された．農業や貿易円滑化，開発などの議論を中心に，多岐にわたる分野で交渉が行われているが，交渉は難航しており，2021年10月時点においても最終合意には至っていない．る自由化の議論を中心に，多岐にわたる分野で交渉が行われているが，交渉は難航しており，2021年10月時点においても最終合意には至っていない［経済産業省 2021］．

参 考 文 献

阿藤誠［2017］「日本の少子化と少子化対策」『学術の動向』22(8)，pp. 8-11.

伊丹敬之・加護野忠男［2003］『ゼミナール経営学入門（第3版）』日本経済新聞出版.

井堀利宏［2003］『経済政策』新世社.

――――［2017］『財政学（第4版）』新世社.

――――［2018］『公共経済学（第2版）』新世社.

岡村秀夫・田中敦・野間敏克・播磨谷浩三・藤原賢哉［2017］『金融の仕組みと働き』有斐閣.

小塩隆士［2013］『社会保障の経済学（第4版）』日本評論社.

――――［2016］『財政学』新世社.

小塩隆士・田近栄治・府川哲夫［2014］『日本の社会保障政策――課題と改革』東京大学出版会.

轡田竜蔵［2017］『地方暮らしの幸福と若者』勁草書房.

経済産業省［2016］『平成28年経済センサス――活動調査，確報集計（企業等に関する集計）』.

――――［各年版］『工業統計調査』.

――――［2021］『2021年度版不正貿易報告書』.

公正取引委員会［2016］『平成25年・26年生産・出荷集中度調査』.

――――［2021］『知ってなっとく独占禁止法――私的独占の禁止及び公正取引の確保に関するガイドブック』.

厚生労働省［2019］『国民生活基礎調査（2019年）』.

厚生労働省編［各年版］『厚生労働白書』.

国立社会保障・人口問題研究所［2017］『日本の将来推計人口（平成29年推計)』.

駒村康平［2014］『日本の年金』岩波書店（岩波新書）.

財務省［各年版］『財務省貿易統計』.

産業経済研究所［2019］『RIETI-TED2019』.

鹿野嘉昭［2013］『日本の金融制度（第3版）』東洋経済新報社.

人口問題審議会編［1974］『日本人口の動向――静止人口を目指して』.

総務省［各年版］『科学技術研究調査』.

――――［2018］『情報通信白書平成30年度版』.

総務省統計局［各年版］『労働力調査』.

寺井公子・肥前洋一［2015］『私たちと公共経済』有斐閣.

土居丈朗［2017］『入門財政学』日本評論社.

──────［2018］『入門公共経済学（第2版）』日本評論社.

内閣府［2010］『平成22年版 子ども・子育て白書』佐伯印刷.

──────［2021］『令和3年版 少子化社会対策白書』日経印刷.

──────［各年版］『経済財政白書』.

──────［各年版］『高齢社会白書』.

──────［各年版］『少子化社会対策白書』.

──────［各年版］『国民経済計算年次推計』.

西村幸浩・宮崎智視［2015］『財政のエッセンス』有斐閣.

日本貿易振興機構［各年版］『直接投資統計』.

広井良典［2019］『人口減少社会のデザイン』東洋経済新報社.

廣光俊昭編［2020］『図説日本の財政（令和2年度版）』財経詳報社.

古川顕［2014］『テキストブック 現代の金融（第3版）』東洋経済新報社.

椋野美智子・田中耕太郎［2021］『はじめての社会保障──福祉を学ぶ人へ（第18版）』有斐閣.

家森信善［2019］『金融論（第2版）』中央経済社.

吉田肇［2018］「人口移動と女性Uターンからみた地域特性に関する研究」『都市経済研究年報（宇都宮共和大学）』18.

Neumann, V. N. and Morgenstern, O.［1944］*The Theory of Games and Economic Behavior,* Princeton University Press（銀林浩・橋本和美・宮本敏雄・阿部修一訳『ゲームの理論と経済行動』筑摩書房，2009年）.

〈ウェブ資料〉

NHK政治マガジン「若い女性はなぜ消える〜ジェンダーギャップ解消を目指した兵庫県豊岡市〜」2021年6月9日（https://www.nhk.or.jp/politics/articles/feature/61842.html, 2021年12月10日閲覧）.

環境省「2050年カーボンニュートラルの実現に向けて」（https://www.env.go.jp/earth/2050carbon_neutral.html, 2021年12月10日閲覧）.

厚生労働省ホームページ「政策について」（https://www.mhlw.go.jp, 2021年12月10日閲覧）

国税庁ホームページ「国の財政」（https://www.nta.go.jp/, 2021年12月10日閲覧）

国土交通省「国土交通省所管分野における社会資本の将来の維持管理・更新費の推計（平成30年11月30日）」（https://www.mlit.go.jp/sogoseisaku/maintenance/_pdf/research01_02_pdf02.pdf, 2021年12月10日閲覧）.

国立社会保障・人口問題研究所ホームページ「日本の将来推計人口」（http://www.ipss.go.jp/, 2021年12月10日閲覧）

財務省ホームページ「税制」（https://www.mof.go.jp/, 2021年12月10日閲覧）

──────「予算・決算」（https://www.mof.go.jp/, 2021年12月10日閲覧）

総務省「労働力調査　用語の解説」（https://www.stat.go.jp/data/roudou/definit.html, 2021
　　年12月10日閲覧）.

─────「平成28年経済センサス──活動調査（確報）」（http://www.stat.go.jp/data/
　　e-census/2016/kekka/pdf/k_gaiyo.pdf, 2021年11月30日閲覧）.

─────「我が国のインターネットにおけるトラヒックの集計結果（2021年5月分）」（https://
　　www.soumu.go.jp/main_content/000761096.pdf, 2021年12月10日閲覧）.

─────「住民基本台帳人口移動報告」（https://www.stat.go.jp/data/idou/index.html, 2021
　　年12月10日閲覧）.

─────「人口推計」（https://www.stat.go.jp/data/jinsui/index.html, 2021年12月10日閲覧）.

総務省統計局ホームページ「労働力調査」（https://www.stat.go.jp/, 2021年12月10日閲覧）

─────「消費者物価指数」（https://www.stat.go.jp/, 2021年12月10日閲覧）

内閣府「個別系列の概要」（https://www.esri.cao.go.jp/jp/stat/di/kobetu_gaiyou.html, 2021
　　年11月30日閲覧）.

─────「令和2年度　少子化社会に関する国際意識調査報告書」（https://www8.cao.go.jp/
　　shoushi/shoushika/research/r02/kokusai/pdf_index.html, 2021年12月10日閲覧）.

内閣府ホームページ「景気動向指数」（https://www.cao.go.jp/, 2021年12月10日閲覧）

─────「国民経済計算」（https://www.cao.go.jp/, 2021年12月10日閲覧）

日本銀行ホームページ「資金循環統計」（https://www.boj.or.jp/, 2021年12月10日閲覧）

─────「全国企業短期経済観測調査」（https://www.boj.or.jp/, 2021年12月10日閲覧）

水ノ上智邦・牧田修治［2020］「徳島県女性のUターン行動」，徳島県政策創造部統計デー
　　タ課『産官学連携によるEBPMモデル研究事業報告書　徳島県のモノと人の移動に関す
　　る報告書』（https://www.pref.tokushima.lg.jp/kenseijoho/tokei/5037453, 2021年12月10
　　日閲覧）.

PwC［2017］"The Long View: How will the global economic order change by 2050?"
　　（https://www.pwc.com/jp/en/japan-press-room/press-release/2017/assets/pdf/world-
　　in-2050-170213.pdf, 2021年12月10日閲覧）.

United Nations Population Division. World Population Prospects: 2019 Revision. World
　　Economic Forum［2021］"Global Gender Gap Report"（http://www3.weforum.org/
　　docs/WEF_GGGR_2021.pdf, 2021年12月10日閲覧）.

索　引

《執筆者紹介》（執筆順）

南 波 浩 史（なんば　ひろし）【はじめに・第2章・第3章・第4章・第6章】

　　1970年生まれ
　　同志社大学大学院経済学研究科博士後期課程単位取得退学，博士（経済学）
　　現在，共立女子大学ビジネス学部教授

主要業績

　　『金融変数と実体経済の因果性―― VAR モデルによる実証研究』（晃洋書房，2017年）.
　　『インド経済のマクロ分析』（共著，世界思想社，2009年）.
　　『ビジネス学への招待』（共著，中央経済社，2023年）.

水ノ上 智邦（みずのうえ　ともくに）【第1章・第5章】

　　1976年生まれ
　　同志社大学大学院経済学研究科博士後期課程単位取得退学
　　現在，就実大学経営学部教授

主要業績

　　「雇用形態が男性の結婚に与える影響」（共著）（『人口学研究』50，2014年，75-89）.
　　「中国P2P ネット金融プラットフォームのイベントヒストリー分析」（共著）（『ICCS 現代中国学
　　　　ジャーナル＝ICCS Journal of Modern Chinese Studies』12(1)，2019年，19-36）.
　　「中国P2P ネット金融規制について」（共著）（『パーソナルファイナンス研究』6，2019年，81-97）.

藤 森　　梓（ふじもり　あづさ）【第7章・第8章】

　　1978年生まれ
　　大阪市立大学大学院経済学研究科後期博士課程修了，博士（経済学）
　　現在，大阪成蹊大学経営学部准教授

主要業績

　　『現代インド・南アジア経済論』（共著，ミネルヴァ書房，2011年）.
　　"Productivity and Technology Diffusion in India: The Spillover Effects from Foreign Direct In-
　　　　vestment"（共著）（*Journal of Policy Modeling*, 37(4), 2015）.
　　"Technology Diffusion through Foreign Direct Investment: A Unit-level Analysis of the Indian
　　　　Manufacturing Industry"（共著）（*Economic and Political Weekly*, 56(39), 2021）.

日本経済と公共部門のダイナミクス
――データで読み解く現代社会――

2022年4月10日　初版第1刷発行	＊定価はカバーに
2023年5月15日　初版第2刷発行	表示してあります

	南	波	浩	史	
著　者	水ノ	上	智	邦	ⓒ
	藤	森		梓	
発行者	萩	原	淳	平	
印刷者	江	戸	孝	典	

発行所　株式会社　晃　洋　書　房

〒615-0026　京都市右京区西院北矢掛町7番地
電話　075(312)0788番(代)
振替口座　01040-6-32280

装丁　クリエイティブ・コンセプト　印刷・製本　共同印刷工業㈱

ISBN978-4-7710-3594-2

南波浩史 著
金融変数と実体経済の因果性
――VAR モデルによる実証研究――

A 5 判 152頁
定価 2,750円

和田聡子 著
改訂版 産業経済の発展と競争政策
――ポストコロナ時代を見据えて――

A 5 判 240頁
定価 3,080円

足立基浩 著
新型コロナとまちづくり
――リスク管理型エリアマネジメント戦略――

A 5 判 160頁
定価 2,090円

山下隆之 編著
人 口 移 動 の 経 済 学
――人口流出の深層――

A 5 判 160頁
定価 2,310円

金 紅実 編著
廃 棄 物 問 題 と 公 共 政 策
――地域社会のくらしとごみ――

A 5 判 232頁
定価 4,180円

馬場 哲・高嶋修一・森 宜人 編著
二〇世紀の都市ガバナンス
――イギリス・ドイツ・日本――

A 5 判 272頁
定価 5,390円

A. セン ほか著, G. ホーソン 編, 玉手慎太郎・児島博紀 訳
生活の豊かさをどう捉えるか
――生活水準をめぐる経済学と哲学の対話――

四六判 240頁
定価 3,520円

前田純一 著
改訂版 経 済 分 析 入 門 Ⅰ
――ミクロ経済学への誘い――

A 5 判 218頁
定価 2,860円

前田純一 著
改訂版 経 済 分 析 入 門 Ⅱ
――マクロ経済学への誘い――

A 5 判 152頁
定価 2,310円

伊多波良雄・川浦昭彦・原田禎夫 著
基 礎 か ら 学 ぶ 財 政 学

A 5 判 242頁
定価 3,080円

晃 洋 書 房